Introdução à
TEOLOGIA DO TEMPLO

Copyright © 2004 Margaret Barker
Copyright desta edição © 2018 Editora Filocalia
Título original: *Temple Theology – An Introduction*

Editor: Edson Manoel de Oliveira Filho

Produção editorial: Editora Filocalia

Preparação de texto: Paulo F. Mendrone

Revisão: Geisa Mathias

Capa, projeto gráfico e diagramação: Nine Design Gráfico | Mauricio Nisi

Reservados todos os direitos desta obra. Proibida toda e qualquer reprodução desta edição por qualquer meio ou forma, seja ela eletrônica ou mecânica, fotocópia, gravação ou qualquer outro meio de reprodução, sem permissão expressa do editor.

CIP-BRASIL. CATALOGAÇÃO NA PUBLICAÇÃO
SINDICATO NACIONAL DOS EDITORES DE LIVROS, RJ

B237i

    Barker, Margaret, 1944-
    Introdução à teologia do templo / Margaret Barker ; tradução Hugo Langone , Márcia Xavier de Brito. - 1. ed. - São Paulo : Filocalia, 2018.
    152 p. ; 23 cm.

    Tradução de: Temple theology : an introduction
    ISBN 978-85-69677-22-2

    1. Bíblia - Crítica, interpretação, etc. 2. Vida cristã. 3. Teologia. I. Langone, Hugo. II. Brito, Márcia Xavier de. III. Título.

18-49808   CDD: 220.6
                                                           CDU: 27-23

Meri Gleice Rodrigues de Souza - Bibliotecária CRB-7/6439
17/05/2018   21/05/2018

Editora Filocalia Ltda.
Rua França Pinto, 509 – São Paulo SP – 04016-032 – Telefax: (5511) 5572 5363
atendimento@filocalia.com.br – www.editorafilocalia.com.br

Este livro foi impresso pela Paym Gráfica e Editora em agosto de 2018.
Os tipos são da família Baskerville e Geist. O papel do miolo é o Lux Cream 80 g, e o da capa cartão Ningbo C2 250 g.

Margaret Barker

Introdução à
TEOLOGIA DO TEMPLO

Tradução
Hugo Langone
Márcia Xavier de Brito

SUMÁRIO

Apresentação 7
Introdução 19

Capítulo I | Criação.. 37
   O Feitio do Templo 41
   O Santo dos Santos 46
   A Tradição Secreta 49
   Unidade.. 53
   O Véu do Templo 57

Capítulo II | Aliança 65
   A Antiga Fé 70
   A Eterna Aliança... 73
   "Nele Todas as Coisas Têm sua Consistência"...... 77
   O Abuso do Conhecimento.................................. 81

Capítulo III | Expiação 93
   O Segundo Deus 94
   Vir com o Nome do Senhor................................. 100
   O Dia da Expiação 103
   O Dia do Julgamento 110
   Melquisedec, o Grande Sumo Sacerdote 117

Capítulo IV | Sabedoria... 123
   O Expurgo de Josias 124

A Senhora Perdida 127
A Mãe do Senhor.. 130
O Pão da Presença 135
O Ser Vivente... 139
A Árvore da Vida.. 141
O Óleo de Unção 146

APRESENTAÇÃO

UMA (RE)ABERTURA – APOCALÍPTICA – EM NOSSO CONHECIMENTO

Num ensaio particularmente inspirado,[1] o biblista judeu David Flusser, reconhecido internacionalmente por sua erudição e competência, afirma, e de modo confiante, que a perícope em Lucas 11,29.30, em que Jesus responde de modo ameaçador aos que lhe pediam um sinal, não tem como ser avaliada com precisão sem que se tenha em mente a literatura escatológica que a subentende, especialmente, a literatura enóquica e derivados, como *Jubileus*. Mais ainda, uma vez que, para Flusser, "Jesus conhecia esses textos apocalípticos". Esse reconhecimento nos abre não apenas uma perspectiva desafiadora sobre o sentido maior do ministério de Jesus Nazareno, mas também, e principalmente, sobre prováveis entendimentos que este tinha de si mesmo em sua atividade profética.

Em nossos tempos de teologias progressivamente domesticadas pelas chamadas ciências sociais, em que se impõe, na "profissão de fé" acadêmica, uma separação absolutamente distinta entre o Cristo querigmático, da Igreja, e o chamado Jesus "histórico", numa forte cisão conceitual em que, nas palavras de Flusser, "a diferença entre a própria pessoa de Jesus e o

---

[1] David Flusser, "Jesus e o Sinal do Filho do Homem", *O Judaísmo e as Origens do Cristianismo – volume III*. Rio de Janeiro, Imago, 2002, p. 67-76.

significado eclesiástico da função de Cristo foi aumentada para formar uma contradição de termos e, às vezes, até mesmo para criar uma completa lacuna entre o Jesus da História e o Jesus da Igreja", uma recuperação dessa ordem, um Jesus imerso em referências escatológicas, oferece-nos um redimensionamento tanto para a fé quanto para a ciência.

A Judeia dos séculos II a.C. a I d.C. sofreu uma avalanche de expectativas apocalípticas, em que se formaram núcleos, comunidades e seitas crescentemente influenciados por uma cosmovisão, oral e escrita, exortadora de arrependimentos e danações, na esperança de um julgamento final, divino, para a História. Sim, pura escatologia. Peguemos, então, a perícope escatológica em Lucas, sublinhada por Flusser.

> Como as multidões se aglomerassem, começou a dizer: "Esta *geração* é uma geração má; procura um *sinal*, mas nenhum sinal lhe será dado, exceto o sinal de Jonas. Pois, assim como Jonas foi um sinal para os ninivitas, assim também o Filho do Homem será um sinal para esta geração".

De modo perspicaz, Flusser se pergunta o motivo pelo qual Jesus, nessa reprimenda nada menos que devastadora às expectativas escatológicas de certos agrupamentos judeus da época, uma vez que assaltados de febre apocalíptica, não menciona a tradição de fundo em que fundamentava-se, a saber, os livros de Enoque. Em sua honestidade, Flusser propõe uma explicação direta, ainda que incompleta, dizendo que: "É provável que Jesus não tenha mencionado Enoque porque não tencionava atrair uma crítica desnecessária de parte de seus ouvintes". Sim, mas por que Enoque, figura paradigmática dos primeiros tempos, "um sinal de sabedoria para todas as gerações", um profeta antediluviano que "andou com o Senhor", que foi "alçado ao céu", seria visto, na época de Jesus, como uma influência reprovável? Flusser não consegue, e nem mesmo pode, dar uma resposta convincente a esse embaraço exegético-teológico. De fato, sabemos que os escritos associados a Enoque foram criticados (e abandonados) pela teologia medieval; mas, na época de Jesus, como Enoque, um dos grandes, poderia ser malvisto?

Para nosso refolgo intelectual (e espiritual), a biblista Margaret Barker, autora do livro aqui introduzido, não só oferece respostas convincentes a esse embaraço, mas desembaraça outros tantos nódulos que interromperam o fluxo de uma teologia absolutamente antiga e mística: a do *primeiro templo*, da qual figuras como Enoque, Melquisedec, o Servo, etc., despontam como anunciadoras de uma cosmologia tremenda do ponto de vista fenomênico, justamente a cosmologia "oculta", mas presente, nos ensinamentos de Jesus. Nesse ponto, Flusser não nos deixa mentir: "Às vezes Jesus falava de um modo que, embora todos os seus ouvintes entendessem em geral o que ele queria dizer, apenas alguns deles conseguiam apreender a alusão oculta e profunda embutida em suas palavras. Esse é também o caso no que se refere à resposta de Jesus contida em Lucas 11,29-32".

Como bem disse James Alison na introdução que fez ao primeiro livro dessa biblista, em língua portuguesa,[2] "Margaret Barker é o equivalente teológico a uma força da natureza". Sim, a recuperação textual que a autora faz, canônica, pseudoepígrafa, apócrifa, em espírito investigativo tenaz, completamente

---

[2] Margaret Barker, *Introdução ao Misticismo do Templo*. São Paulo, É Realizações, 2017.

dedicado à elucidação, faz emergir, com força avassaladora, uma religiosidade de fundo muito antigo, quase geológico, cujo poder argumentativo não pode ser contido por objeções ornamentais, mero ensimesmamento acadêmico. A força de seus argumentos tem o lastro e a contundência de um abalo sísmico, mas, neste caso, provocado pela movimentação de "placas" religiosas, textuais ou orais, que estão ocultas aos nossos olhos, não obstante, absolutamente atuantes, como exemplificado no caso anterior: a literatura enóquica à época de Jesus, em que Flusser bem entreviu a ponta de um *iceberg* teológico. Com efeito, o trabalho dessa biblista nos mostra, por meio de uma ampla recuperação textual, histórica, documental e léxica, como essa "literatura" conecta-se, diretamente, a realidades religioso-políticas específicas, quais sejam, as disposições do culto e da função religiosa da antiga realeza sumo sacerdotal israelita, mas que foram sendo obliteradas por outras correntes, "correntes judaizantes", na terminologia de Barker. Sem uma devida recuperação desse embate monumental, na história do povo de Israel, torna-se impossível compreender, satisfatoriamente, não só o complexo ambiente social dos *judaísmos* do período do Segundo Templo, mas também o próprio movimento doutrinal ao qual Jesus Nazareno tantas vezes alude.

O gênero designado de "apocalíptica", e a literatura enóquica é paradigmática desse gênero, tem recebido certo destaque nos últimos anos, depois de um longo inverno, em que foi relegado ao ostracismo teológico, no esquecimento dedicado aos assuntos constrangedores. Parece que foi Ernst Käsemann[3] que deu o sinal

---

[3] Ernst Käsemann, "The Beginnings of Christian Theology", *JTC 6*, 1969, p. 17-46.

de alerta, quando disse, ainda que em tom certamente polêmico, que "a apocalíptica é a mãe de toda teologia cristã". Mais recentemente, autores como J. J. Collins, K. Koch, P. D. Hanson, J. C. VanderKam, G. von Rad, dentre outros, vêm, sistematicamente, estudando tanto o gênero "apocalíptica" quanto o "apocalipsismo", este visto como movimento religioso específico em sua cosmovisão de fundo, embora bem extenso em seus desdobramentos históricos. Collins esclarece-nos em alguns pontos básicos da questão:

> Na medida em que o apocalipsismo é um movimento histórico "ou refere-se ao universo simbólico em que um movimento apocalíptico codifica sua identidade e interpretação da realidade", ele não é simplesmente idêntico ao conteúdo dos apocalipses. Há apocalipses [textos de apocalipse] que não são o produto de um movimento, em nenhum sentido especialmente significativo. Igualmente, há movimentos, tais como a seita ligada aos Manuscritos do Mar Morto, e mesmo no caso do cristianismo anterior ao ano 70 d.C., que não produziram apocalipses, mas que são, não obstante, comumente vistos como apocalípticos.[4]

A questão é que apocalipse e apocalipsismo têm um passado de interferências diversas, tanto do ponto de vista geográfico quanto temático, em que influxos babilônicos e persas foram cozidos num caldeirão hebraico-helenístico repleto de influências proféticas e sapienciais, pois, de fato, "o gênero literário apocalipse

---

[4] John J. Collins, *The Apocalyptic Imagination: an Introduction to Jewish Apocalyptic Literature*. Grand Rapids, Eerdmans, 2016, p. 98.

não é uma entidade isolada e autocontida".[5] Pelo menos, é isso que nos diz o estado da arte sobre o assunto. Todavia, "apocalipse", em sentido mais largo, não é apenas uma cosmovisão inserida em (ou derivada de) conjuntos simbólico-narrativos maiores, no vastíssimo e para lá de complexo cenário religioso da Antiguidade Oriental, mas sim uma forma absolutamente diferenciada de encaixar-se no mundo e no tempo (como também no além-mundo e no além-tempo), em que a vida angélica, a esfera das hostes celestes, torna-se, inapelavelmente, o ideal de conhecimento e conduta que os *humanos* (melhor dizendo, os meio-humanos aspirantes à herança divina do completamente humano) devem desejar.

O problema mais grave é que esse olhar devotado às realidades celestes, uma priorização radical das hostes dos *elohim*, associadas ao antigo templo, com seus poderes e saberes ocultos, encontra um obstáculo tremendo na tradição mosaico-deuteronomista; a saber, "as coisas escondidas pertencem a Iahweh nosso Deus; as coisas reveladas, porém, pertencem a nós e aos nossos filhos para sempre, para que coloquemos em prática todas as palavras desta Lei".[6] Esta perspectiva legalista de que "tudo o que se exigia de Israel era obediência aos mandamentos revelados". É nesse tremendo choque de interesses, entre as cosmovisões enóquica e a deuteronomista, e somente nele, que podemos articular um início de compreensão, e um princípio de resposta, acerca do questionamento de Flusser sobre o silêncio deliberado de Jesus sobre a tradição "oculta" que embasava o seu discurso sobre a *geração* e os *sinais*, com o qual iniciamos esta apresentação. Sim, tudo indica

---

[5] Ibidem, p. 10.
[6] Deuteronômio 29,29.

que o material enóquico era potencialmente explosivo na época de Jesus; mas por que, exatamente? Barker nos responderá com riqueza de detalhes. Mas, antes de nos dirigirmos às teses, vejamos algumas das conclusões, sobre o mesmo embate, de J. J. Collins, mas, agora, do ponto de vista da literatura associada a Enoque:

> A falta de engajamento com a aliança mosaica é um dos aspectos mais notáveis da literatura enóquica mais antiga, o Livro Astronômico e o Livro dos Vigias. Essa falta não se explica pelo fato de haver qualquer anacronismo nos materiais referentes a Enoque [...] A literatura enóquica mais antiga ainda se refere a uma forma de *judaísmo*, da época do Segundo Templo, que *não* se orientava fundamentalmente por meio da Torá de Moisés.[7]

Barker concordará, em parte, com Collins, pois dirá que não se tratava, exatamente, de judaísmo, mas sim de hebraísmo. Há uma diferença significativa nessa diferenciação aparentemente inócua. Barker está dizendo que a religião dos antigos hebreus, a dos Patriarcas vinculada à fé de Abraão, foi profundamente alterada no período do Segundo Templo, e mesmo um pouco antes disso, durante as reformas josiânicas, em que o antigo papel do rei-sacerdote, expiador dos pecados do povo, por meio do qual se restabelecia o ordenamento da criação, foi sendo diligentemente rechaçado por uma legião de escribas interessados em reformar a antiga fé (*tiqqûnê sôphᵉrîm*), eliminando, do cenário teológico-litúrgico, a doutrina da expiação e a presença da Sabedoria revelada. Barker nos diz:

---

[7] John J. Collins, *The Apocalyptic Imagination: an Introduction to Jewish Apocalyptic Literature*. Grand Rapids, Eerdmans, 2016, p. 98.

Quando a Lei foi dada pela segunda vez, Moisés descobriu que uma pessoa não poderia expiar o pecado de outra (Êxodo 32,30-33). Suprimir a expiação é algo de certa relevância para os cristãos.

Essas são implicações importantíssimas na compreensão não só dos embates entre judaísmo helenístico e literatura apocalíptica, mas, sobretudo, eu diria, na compreensão do ministério de Jesus Nazareno. Com efeito, Paulo de Tarso não cansava de sugerir aos seus irmãos na fé, uma vez que ele esteve, como bem sabemos, historicamente situado nesse choque, que estes *não* formavam uma (nova) religião, mas que retomavam uma antiga fé, qual seja, voltavam-se, renovados em Cristo, ao sumo sacerdócio restaurador do Templo *vivo* e *verdadeiro*, ou seja, retornavam à morada primeira, de volta à antiquíssima fé de Abraão, de volta ao sumo sacerdócio místico de Melquisedec. Portanto, não se tratava, absolutamente, de rompimento com o hebraísmo, nada disso, mas sim de resgatá-lo das tendências judaizantes (legalistas) dos deuteronomistas, as quais vinham alterando, por séculos, os pressupostos místicos da antiga fé. Concorde-se ou não com a posição de Paulo, é esse o argumento capital em suas epístolas, principalmente em Hebreus.

Tendo-se tal realidade em mente, a literatura enóquica recupera, então, parte fundamental de seu sentido primeiro, uma vez que começamos a vislumbrar um importantíssimo embate de fundo entre desígnios distintos de espiritualidade: um projeto legalista (mosaico) *versus* um místico (melquisedequiano). Os desdobramentos dessa diferença foram seriíssimos não só para a história da Judeia mas, principalmente, para o cristianismo. Explico. Como sintoma dessa tendência, dentre outros indícios, havia um farisaísmo moralmente fraturado na Judeia do século I d.C., dividido entre os adeptos de uma doutrina largamente legalista, restritos à ideia de recompensa divina e pureza ritual, e os chamados "fariseus do amor", ligados a um exercício moral independente de qualquer recompensa neste/deste mundo, ou seja, orientados a uma forte noção de amor incondicional ao Senhor, propriamente vinculada em determinações-realidades celestes, isto é, vinculada a uma doutrina radical (e mística) da reparação via misericórdia; esta incluía os inimigos e os desafetos; uma doutrina ligada à ideia de "ressurreição".

Paulo esforçou-se por cooptar parte desses "fariseus do amor" para dentro do movimento dos seguidores do Cristo. Sabemos também que, nesse sentido, os seus esforços foram *grosso modo* insatisfatórios, pois o apóstolo nos deixou, não sem certa mágoa, a seguinte afirmação: "de agora em diante, vou dirigir-me aos gentios".[8] De fato, ele se voltaria, de modo contundente, aos gentios. Tudo isso tem um sentido muito claro, translúcido, em nossa discussão: as palavras e os atos de Jesus Nazareno contestavam, à época, um sistema político-religioso (e moral) específico; objeções que eram feitas com base em material muito antigo, o que nos ajuda a entender como a doutrina cristã pôde desenvolver-se de forma tão rápida, um dado que, até outro dia, intrigava os especialistas. Na verdade, não havia uma *nova* doutrina, mas sim o remate da *primeira* doutrina, "não uma nova revelação, mas uma revelação restaurada"; mas, agora, em sua fase conclusiva, por meio da encarnação do Ungido de Deus, o Primogênito (o Filho) da Criação, ou seja, por meio do Servo prometido pela tradição profético-apocalíptica. Era essa, com efeito, a Boa-Nova. Paulo

---

[8] Atos dos Apóstolos 18,6.

não me deixa mentir. O material enóquico, lido e discutido na época, tratava desses grandes acontecimentos, dos quais se esperava uma libertação total, como também uma vingança definitiva. Daí a inequívoca reprimenda de Jesus em Lucas 11,29.

Barker nos ensina:

> Na Palestina do século I d.C., sabia-se que o Messias, o Bom Pastor, destruiria e reconstruiria o Templo [...] Jesus estava evocando para si a profecia de Enoque, segundo a qual ele era o Senhor do rebanho que destruiria e reconstruiria o Templo.

A literatura enóquica, hoje conhecida, compreende quatro conjuntos centrais:[9] o Enoque etíope, *1 Enoque*, encontrado nessa língua; o Enoque eslavo, *2 Enoque*, encontrado em língua eslava da antiga Igreja Russa; o Enoque hebraico, *3 Enoque*, um texto místico do século IV d.C.; e os fragmentos enóquicos de Qumran, por meio dos quais houve a possibilidade de vislumbrar, pela primeira vez, não só a antiguidade dessa literatura, talvez, anterior ao século III a.C., como também a sua centralidade na época de Jesus.

A investigação de Barker visa a recuperação desse conjunto textual, mas nos termos de sua simbologia celeste, inegavelmente associada à simbologia do Santo dos Santos (*d^ebir*), "um local de fogo em que o Santíssimo era entronado diante de anjos incontáveis". Ora, esse recinto máximo da presença do sagrado, em sua realeza excelsa, localizava-se no interior do Templo, cujo acesso era restrito ao sumo sacerdócio. Tratava-se, portanto, de uma teologia associada às determinações litúrgicas do Primeiro

---

[9] Ver Margaret Barker, *The Lost Prophet: The Book of Enoch and its Influence on Christianity*. Sheffield, Sheffield Phoenix Press, 2005.

Templo, em sua constituição primeira como centro sagrado da monarquia davídica.

Nesse repertório tremendo, um rei não era apenas senhor de exércitos, terras, palácios, tesouros e impostos, mas o guardião (e responsável) primeiro do destino de seu povo, interlocutor sagrado das deliberações celestes, o maior encarregado terreno da manutenção/preservação dos "laços da criação"; enfim, de uma só vez, rei e sumo sacerdote. Em seu sentido mais originário, a "aliança" se estabelecia nessas condições. Um repertório cujas origens são muitíssimo antigas, vinculadas às mais diversas monarquias do Oriente Antigo. No entanto, houve, nessa teologia do Primeiro Templo davídico-salomônico (c. 950 a.C. – 586 a.C.), o *despertar* de duas novidades nada menos que extraordinárias na história moral do mundo: (1) um sumo sacerdócio real intimamente ligado à exortação e *autocrítica* proféticas, ou seja, do qual se exigia humildade e sabedoria; (2) um que tendia à substituição dos sacrifícios de sangue pela oferenda do pão e do vinho.[10] Isso nos dá, convenhamos, uma inédita contextualização histórica da eucaristia! Sim, a teologia do templo caminhava para um entendimento antissacrificial de divindade.

Mas, como sempre parece ocorrer na história de nossa sôfrega humanidade, houve abusos, por conta dos quais a aliança foi rompida. Nesse rompimento, formulou-se não só a narrativa em Gênesis, mas, sobretudo, boa parte da literatura apocalíptica, principalmente a literatura enóquica. Nesse sentido, a expulsão do "Jardim" passa a ser entendida como a expulsão do Primeiro Templo, e começamos a compreender, como que pela primeira

---

[10] Ver Margaret Barker, *King of the Jews: Temple Theology in John's Gospel*. Londres, SPCK, 2014, p. 64.

vez, a complexa urdidura em que se teceram o Antigo e o Novo Testamentos. Sim, Marcião de Sinope equivocou-se, muito embora por motivos outros aos quais, em geral, atribuímos-lhe as faltas. Vamos, então, ao coração da questão lançada no início de nossa brevíssima apresentação:

> Em seguida, Enoque viu como o Homem recebeu o Nome antes que o sol e as estrelas fossem criados; em outras palavras, ele viu como uma figura humana recebeu o nome Yahweh no santo dos santos, a realidade anterior e transcendente à criação material. Isso se chamava *theosis*, e esse Escolhido se tornou a fonte da *sabedoria, discernimento* e *conhecimento* (*1 Enoque* 49,1-3).[11]

Nessa altura, o leitor atento há de ligar os pontos na elaboração da questão lançada de início: quais seriam os prováveis entendimentos que Jesus Nazareno tinha de si mesmo em sua atividade profética? Não se preocupe o leitor, Barker explicará, em detalhes assombrosos, parte fundamental dessa questão. De fato, este pequeno livro introdutório é o início de uma jornada que nos conduz a um redimensionamento grandioso não só do cristianismo, mas também do hebraísmo. Garanto ao leitor: a *scholar* que o conduzirá nessa reabertura é mais que competente, pois é "o equivalente teológico a uma força da natureza".

Maurício G. Righi
São Paulo, janeiro de 2018

---

[11] Margaret Barker, *Introdução ao Misticismo do Templo*. São Paulo, É Realizações, 2017, p. 71.

INTRODUÇÃO

O convite para ministrar as Cardinal Hume Lectures de 2003 deu-me a oportunidade de parar por um instante e avaliar meu trabalho. Durante muitos anos, deixei-me absorver pela tentativa de redescobrir o sentido do templo, e, à medida que fui acumulando certo material e esboçando conclusões temporárias, publiquei-as antes de passar para a etapa seguinte. Informações chegavam de diversas fontes – não somente do trabalho de meus colegas, os pesquisadores bíblicos –, e com frequência me advertiam do quanto tinha me afastado (ou me desgarrado!) das correntes acadêmicas. Nessas palestras, descrevo algo do que observo desde esse ponto de vista da viagem, refletindo sobre o que pode nos aguardar além do horizonte e o quanto isso é capaz de modificar nossa percepção das origens cristãs.

Uma coisa resultou um tanto clara: a mensagem evangélica original dizia respeito ao templo – não ao templo corrompido da época de Jesus, e sim àquele templo original que fora destruído cerca de seiscentos anos antes. Tudo o que restava eram as lembranças e a esperança de que seriam restaurados tanto o verdadeiro templo quanto tudo aquilo que ele representava. Jesus foi apresentado como o sumo sacerdote do primeiro templo; Melquisedec retornava a seu povo. Consistia na restauração do primeiro templo a esperança dos primeiros cristãos; situá-los, seus escritos e o modo como apresentavam Jesus, em qualquer ambiente que não seja o do templo distorce tudo o que pregavam e adultera o Evangelho original. O Livro do Apocalipse é crucial para a compreensão do cristianismo primitivo. Porque está impregnado de imagens do templo, a maioria o toma como texto opaco e impossível, mas aqueles que pensavam à maneira do "templo" também escreveram e leram o restante do Novo Testamento. Se o lermos de qualquer outra forma, conferiremos nosso próprio sentido aos textos e não nos ligaremos aos ensinamentos originais da Igreja.

Do primeiro templo, temos somente alguns fragmentos minúsculos como evidência arqueológica: uma pequena romã de marfim talvez seja tudo que possuímos.[1] Os verdadeiros resquícios, no entanto, ainda podem ser vistos na forma das igrejas tradicionais, na forma da maioria das liturgias cristãs antigas[2] e na "forma" do pensamento cristão. Os primeiros escritos cristãos partem de uma visão de mundo e de um cenário que só podem advir de um templo – e não se trata do verdadeiro templo da época. Uma vez que o Livro do Apocalipse descreve o trono celestial e a corte celeste dos anjos e anciãos, deve ser essa uma reminiscência do santo dos santos presente no velho templo de Jerusalém e guarnecido de um grande trono de ouro. Quando escrito o Livro do Apocalipse, o santo dos santos já estava vazio havia séculos. Alguns comentários dão a entender que a cena teve como inspiração o ritual do tribunal do Império Romano, sem porém questionar que pescador da Galileia poderia conhecer um tal rito. Quando um conteúdo assaz semelhante foi

---

[1] Vem descrito em *Biblical Archaeologist*, 53/3, 1990, p. 158-66. Hoje, no entanto, é tido por falsificação.
[2] Tema de meu livro *The Great High Priest: The Temple Roots of Christian Liturgy*. London, T&T Clark, 2003.

identificado nos Manuscritos do Mar Morto, tornou-se evidente que aquelas eram cenas do templo, com sacerdotes angélicos se ocupando do trono celeste. As pessoas ainda cantavam sobre um tempo que deixou de existir – ou melhor, que deixara de ter existência física em Jerusalém.

Para vislumbrar os ensinamentos primitivos, é preciso ir muito além da própria Bíblia. Há ainda certa cautela quanto a isso em certos ambientes, mas, com a descoberta dos Manuscritos do Mar Morto e o elevado interesse acadêmico no grande corpo de textos antigos conhecidos como Apócrifos e Pseudepígrafos, um novo contexto tem sido reconstruído para as origens cristãs. Os pesquisadores do cristianismo devem levar em consideração todas as evidências. O impacto dos últimos cinquenta anos de descobertas tem sido comparável ao impacto das traduções bíblicas da Reforma. Novas perguntas foram levantadas e velhas certezas, colocadas em xeque. Tudo isso abriu caminho para uma nova imagem da relação entre o cristianismo e a tradição hebraica da qual ele surgiu.

Costumava-se pensar que muitos princípios da fé cristã vieram da cultura grega, dado ser impossível identificar suas raízes nas Escrituras hebraicas. Presumia-se que toda e qualquer concepção da Trindade ou do Filho de Deus não poderia advir do rigoroso monoteísmo da tradição dos hebreus. Por conseguinte, o "assim na terra como no céu" fora provavelmente uma adaptação das "formas" do platonismo, assim como a natureza cósmica da expiação era tida como acréscimo grego aos ensinamentos originais.[3] A Santa Sabedoria a que grandes igrejas foram dedicadas

---

[3] O retrato mais influente disso encontra-se no início de Frederick W. Dillistone, *The Christian Understanding of Atonement*. Welwyn, Nisbet, 1968.

tem sido explicada como concretização de um desenvolvimento posterior da filosofia grega influenciado pela deusa egípcia Ísis. Nada disso se faz necessário quando reconhecidas no templo as raízes do cristianismo.

Muitos outros escritos do período do segundo templo o tratavam como centro impuro de um sacerdócio apóstata. Isso não significa que preferissem o culto não sacrificial da sinagoga. Revela, antes, que cultivavam a memória de uma fé mais antiga, aquela dos reis ungidos de Jerusalém e seu templo perdido. Muitas das vozes, nesses escritos, se queixavam de ainda se encontrarem no exílio e de que, para elas, não houvera regresso glorioso nenhum nos tempos de Joshua e Zorobabel, Esdras e Neemias.[4] A mais antiga dessas vozes ressoa ao final de Isaías, quando o profeta se queixa dos vigias que estão cegos e nada sabem (Isaías 56,10). Esse é o linguajar do templo. Os vigias são os sacerdotes, os anjos da guarda do templo, e eles haviam rejeitado a Sabedoria que lhes conferia o conhecimento. Os "olhos abertos" significavam a reabilitação do verdadeiro sacerdócio, e assim o vaticínio de Joel 2,28 – o dom da profecia, das visões e dos sonhos – foi cumprido no Pentecostes (Atos dos Apóstolos 2,17). Isaías condenou o templo restaurado (o segundo) tratando-o qual uma meretriz no cume de uma montanha (Isaías 57,7) que excluía os antigos adoradores do Senhor (Isaías 56,1-8) e praticava uma imitação dos ritos sacerdotais (Isaías 66,1-4). Os excluídos no século V AEC buscavam a destruição do templo meretrício e do iníquo sacerdócio que havia acarretado seu longo exílio. O Livro do Apocalipse registra o júbilo da Igreja primitiva ao

---

[4] Ver Michael A. Knibb, "The Exile in the Literature of the Intertestamental Period", *Heythrop Journal* 17, 1976, p. 253-72.

ver em chamas essa grande meretriz que corrompera a terra (Apocalipse 19,1-4), e, portanto podemos estar certos de haver vozes cristãs entre aqueles que rejeitavam o segundo templo.[5]

A meretriz foi substituída pela Noiva do Cordeiro, a Jerusalém celeste (Apocalipse 21,15-21) que João descreveu como um imenso santo dos santos, guarnecido do trono do Senhor. *A visão cristã se desenrolava no templo original.* João também viu os servos do Senhor próximos ao rio da vida e à árvore da vida a que Adão fora barrado (Apocalipse 22,1-5). A visão cristã inverte o relato de Gênesis 1-3 e devolve os homens ao Éden. Dado que os pesquisadores frequentemente concluíram que esses capítulos traziam o ponto de vista do segundo templo, o templo apóstata, é possível que a conhecida história do Éden originalmente descrevesse o modo como o antigo sacerdócio fora expulso de seu templo edênico e perdera contato com sua árvore da vida. Adão era lembrado como o primeiro sumo sacerdote e Jesus vinha descrito como o novo Adão. Os cristãos recordavam e ansiavam pelo antigo Éden – o verdadeiro templo – e se viam como se em regresso para o local e o sacerdócio do qual foram um dia afastados. Essa era sua visão de mundo.

Jesus era descrito e recordado como um grande sumo sacerdote (Hebreus 4,14), o Melquisedec que foi constituído pelo poder de uma vida indestrutível (Hebreus 7,16) e que oferecera o derradeiro sacrifício expiatório a fim de completar e suplantar os ritos do templo (Hebreus 9,1-14). O sacerdócio de Melquisedec era mais antigo que o de Aarão, e a Epístola aos Hebreus o declara superior ao aarônico (Hebreus 7,11-19). Ora, Aarão era irmão de Moisés,

---

[5] Ver meu livro *The Revelation of Jesus Christ*. Edinburgh, T&T Clark, 2000, p. 279-310.

mas Melquisedec foi sacerdote em Jerusalém na época de Abraão. *Melquisedec representava a antiga fé.* Os reis de Jerusalém foram sacerdotes à maneira de Melquisedec (Salmos 110), porém não houvera lugar para um rei ungido, um Messias, na religião de Moisés. O Deuteronômio estabelecia limites rigorosos ao papel e aos poderes do rei (Deuteronômio 17,14-20), mas essas regras foram elaboradas com a sabedoria que nasce de uma visão retrospectiva e acrescentadas após a morte da monarquia. Paulo sabia onde jazem as raízes do cristianismo; ele declarou que o cristianismo se voltava para a fé de Abraão (e, por conseguinte, de Melquisedec), e por isso enraizava-se antes da Lei dada a Moisés (veja-se, como exemplo, Romanos 4).

Desde a descoberta do texto de Melquisedec entre os Manuscritos do Mar Morto (11Q13), é possível notar a relevância da afirmação de que Jesus era Melquisedec. Uma linha avariada do texto parece descrever mestres que têm sido mantidos às ocultas e em segredo, e todo o texto claramente enaltece o retorno do divino Melquisedec, que vem para resgatar seu povo do poder do Maligno. Esperava-se que Melquisedec aparecesse exatamente quando Jesus deu início a seu ministério público, e a descrição do papel de Melquisedec coincide precisamente com o modo como Jesus é apresentado nos Evangelhos. A apresentação de Jesus como Melquisedec fora outrora considerada periférica ao entendimento de seu ministério, algo que os cristãos primitivos alegavam porque sabia-se que Jesus não possuía nenhum direito familiar ao sacerdócio de Aarão. Hoje, Jesus como Melquisedec pode ser visto como chave para o Novo Testamento, e a consequência disso está em que o templo de Melquisedec constituía o mundo dos primeiros cristãos.

Muito dos estudos cristãos sobre o Antigo Testamento se voltou para a história de Israel, sobretudo para as tradições dos deuteronomistas encontradas em Josué, Juízes, os dois livros de Samuel e os dois livros dos Reis. Os deuteronomistas – assim chamados por promoverem o ponto de vista do Deuteronômio – eram entusiastas do braço mosaico da religião de Israel e hostis tanto ao templo quanto à monarquia. A ênfase na historicidade de seu relato – como se consistisse ele na verdade da Bíblia – deu origem a problemas importantes para os pesquisadores do cristianismo. À arqueologia bíblica foi dado lugar de destaque, levando a entender que a existência de artefatos poderia estabelecer a veracidade – em contraposição à precisão histórica – da Bíblia. Hoje sabe-se que as histórias do Antigo Testamento não são confiáveis como rede na qual os arqueólogos poderiam incluir seus achados, e esses achados de fato costumam pôr em dúvida a exatidão das "histórias" do Antigo Testamento.[6] Agora que os pesquisadores do cristianismo foram libertados do fardo que é estabelecer a exatidão histórica de determinadas afirmações, vemo-nos livres para levantar outras questões cujas respostas têm, para os cristãos, relevância mais imediata. De quem é a história que lemos nas Escrituras hebraicas? Em que medida os velhos conteúdos foram editados e retrabalhados em vista da nova situação após o exílio? Em que medida a antiga fé foi recoberta pelas crenças e preferências de um período posterior? O quanto do templo original pode ser vislumbrado a partir das fontes bíblicas?

Não se trata, aqui, de um criptofundamentalismo que parte do princípio de que o relato mais antigo deve ser também o mais puro. Antes, trata-se do reconhecimento de que o Antigo Testamento, tanto o texto quanto o cânone, possui uma história

---

[6] Ver, por exemplo, Philip R. Davies, "In Search of 'Ancient Israel'", *Journal for the Study of the Old Testament*, Supplement 148. Sheffield, JSOT, 1992.

complexa, bem como do reconhecimento de que outras pessoas que partilharam da herança hebraica nem sempre partilharam das mesmas crenças ou das mesmas Escrituras. Entre essas "outras pessoas" estavam os primeiros cristãos. As Escrituras hebraicas, tais quais as conhecemos, foram preservadas, editadas e transmitidas pelos sacerdotes e escribas do segundo templo, aquela mesma gente que a tradição do "longo exílio" condenava por se tratar de apóstatas impuros que haviam alterado as Escrituras. "Os pecadores virão adulterar e transgredir, de muitos modos, as palavras de retidão, (...) e pronunciarão mentiras, praticarão grandes fraudes, e redigirão livros a respeito de suas palavras" (*1 Enoque* 104,10; semelhante é *1 Enoque* 98,15; 99,1). Esse texto de Enoque era visto como parte das Escrituras pelos primeiros cristãos; portanto, eles terão conhecido a acusação de que a tradição vinha sendo adulterada. Isso provavelmente explica por que a tradição do "longo exílio" é registrada em textos que não foram aceitos no cânone hebraico. O anseio por regressar do exílio é manifesto no Novo Testamento: "Bem-aventurados são os mansos, porque herdarão a terra" (Mateus 5,5).[7]

Para os cristãos, essas são questões seriíssimas. Uma vez que as fontes "primárias" da história da monarquia de Jerusalém (1 Samuel e 2 Samuel, 1 Reis e 2 Reis) são hostis à maioria dos reis, fica estorvada toda e qualquer reconstrução das origens do ideal messiânico ali. Essa mesma fonte é hostil também ao primeiro templo em Jerusalém, e, portanto, qualquer tentativa de encontrar as raízes do culto cristão no templo deve se valer predominantemente de dados extrínsecos ao Antigo Testamento.

---

[7] Para mais detalhes, ver, de minha autoria, *The Great High Priest*, p. 294-315 (ver nota 1).

O Antigo Testamento de fato conta a história da religião de Israel, mas não da forma como em geral se supõe. O acontecimento-chave jazia no grande expurgo perpetrado à época do rei Josias, ao final do século VII a.C., quando tudo o que os deuteronomistas consideravam impuro era removido do templo e destruído (2 Reis 23). Esse não é um relato objetivo, e é fácil notar que *grande parte* do que o rei Josias removeu eram artefatos e práticas religiosas de Abraão, Isaac, Jacó e quase todos os reis de Jerusalém. Eles haviam sobrevivido na região até o século VI a.C. – árvores sagradas, colunas, locais sagrados fora de Jerusalém nos quais se podia oferecer o sacrifício –, mas o rei Josias removeu tudo o que não se conformava à religião de Moisés tal qual expressa no Deuteronômio.[8] *Noutras palavras, a religião de "Moisés", com os dez mandamentos e o sacerdócio aarônico, só veio a substituir a fé abraâmica e o sacerdócio de Melquisedec pouco antes de o primeiro templo ser destruído.* (Nos primeiros capítulos de Isaías, escrito no século VIII a.C., é difícil encontrar qualquer indício de que o profeta teve conhecimento de Moisés e dos dez mandamentos.)

A consequência mais importante do expurgo de Josias foi a introdução do monoteísmo. A religião primitiva conhecera o Deus Altíssimo, divindade cultuada por Melquisedec (Gênesis 14,19); El Shaddai, a divindade dos patriarcas (Êxodo 6,3); e Yahweh, que assumia forma humana – por exemplo, para fechar a porta atrás de Noé quando da entrada na arca (Gênesis 7,16). Não há provas de que essas eram uma só divindade. Só depois é que se passou a afirmar que todas essas formas antigas eram idênticas. Foi o profeta do exílio quem declarou que Yahweh era El e que

---

[8] Isso foi articulado pela primeira vez por John Van Seters, "The Religion of the Patriarchs in Genesis", *Biblica*, 61, 1980, p. 220-33.

não havia outro Deus (Isaías 43,12-13; 45,22). Nos nomes divinos mais antigos, contudo, vislumbramos o Pai (Deus Altíssimo), o Filho (Yahweh, Aquele que tomou forma humana) e a Mãe (El Shadday, cujo nome significa Deus com seios). O Corão dá a entender que os cristãos estavam cultuando a Mãe e o Filho – ao que parece, como parte de sua Trindade –, mas enfatiza que Jesus não os ensinou a rezar daquela maneira (4,171; 5,75-76; 116).

O Pentateuco (primeiros cinco livros do Antigo Testamento) foi compilado a partir de uma série de fontes antigas após a destruição do templo original, após o fim da monarquia e após o expurgo de Josias. As histórias são apresentadas como uma sequência histórica, mas também refletem o desdobramento mais recente: o de que a religião dos patriarcas havia sido enfim suplantada pela religião de Moisés já no século VI a.C. Foi então que o nome do Deus dos patriarcas acabou por ser trocado pelo nome do Deus de Moisés, etc. (Êxodo 3,13-15; 6,3). Foi então que a doutrina da expiação veio a ser alterada. Após o pecado do bezerro de ouro, quando a Lei foi dada pela segunda vez, Moisés descobriu que uma pessoa não poderia expiar o pecado de outra (Êxodo 32,30-33). Essa deve ter sido uma antiga prática excluída da forma final da religião de "Moisés". Suprimir a expiação é algo de certa relevância para os cristãos. A tradição judaica recordava e registrou (ainda no século IV d.C., no Talmude de Jerusalém, *Ta'anit* 4,5) que muitos sacerdotes do templo original haviam fugido para a Arábia após o período do expurgo de Josias. Eles devem ter levado consigo a fé do antigo templo. Paulo também passou um tempo na "Arábia" (Gálatas 1,17 – sabe-se lá o porquê) antes de retornar e *declarar que as raízes do cristianismo se encontram na fé de Abraão*.

As tradições associadas à origem do islamismo sabiam que existira outra fé antiga que não consistia nem no cristianismo, nem no judaísmo. O registro mais antigo da vida de Maomé foi escrito por Ibn Ishaq em meados do século VIII d.C. – apenas cerca de cem anos, portanto, desde a época de Maomé. Antes do surgimento do profeta, escreveu ele, quatro bons homens partiram a fim de encontrar a religião de seu pai Abraão, a qual seu povo, segundo criam, teria corrompido. "Caminhos diversos percorreram pelas nações, buscando a *Hanifiya*, a religião de Abraão." Um deles acabou por encontrar certo monge cristão na Síria que lhe declarou não restar ninguém capaz de guiá-lo na religião de Abraão, mas que um novo profeta logo apareceria.[9] Também o Corão traçou distinção entre a religião de Abraão e aquela de Moisés: "Dizes que Abraão, Ismael, Isaac, Jacó e as tribos foram judeus ou cristãos?" (2,140). "Não foi Abraão judeu; tampouco, cristão" (3,67). Muitas das antigas tradições do templo reapareceram no islamismo; as dimensões tradicionais do santo dos santos também são aquelas da Caaba. Das tradições que dizem respeito a Abraão na Arábia só se tomou conhecimento, em fontes judaicas, após a descoberta dos chamados *Gênesis apócrifos* entre os Manuscritos do Mar Morto, nos quais são descritas as viagens de Abraão ao leste do Eufrates e ao redor da costa da Arábia.[10]

Recuperar o mundo do templo original não é tarefa simples. Não há texto que revele o mundo perdido e demonstre, para além de qualquer dúvida possível, ser verdade o que proponho aqui. O que *existe* para além de toda e qualquer dúvida é a explicação

---

[9] *The Life of Muhammad*, tradução da *Vida do Profeta* escrita por Ibn Ishaq, com introdução e notas de A. Guillaume, 1955; reimpr. Lahore, etc., Oxford University Press Pakistan, 1967, p. 98-103.
[10] 1Q20.XXI.

pouco satisfatória, e até mesmo pouco razoável, que tem prevalecido desde há muito tempo e que diz respeito ao "pano de fundo do Novo Testamento". Passou-se a achar que os textos rabínicos redigidos muito depois do Novo Testamento poderiam ser empregados para ilustrar o contexto neotestamentário, ao mesmo tempo que os escritos de Fílon, contemporâneo judeu de Jesus no Egito, caíam em suspeição por diferirem em demasia dos textos rabínicos. Figuras monumentais cuja influência deu forma aos conhecimentos sobre o Novo Testamento ao longo do século XX eram agora acusadas de presumir uma "helenização aguda, (...) a paganização sincretista do cristianismo primitivo", bem como de repetir esse argumento sem verificá-lo adequadamente nas fontes antigas.[11] As coisas estão mudando.

Se Jesus instruiu gente que conhecia o mundo dos Manuscritos do Mar Morto, então este deve ter sido parte do verdadeiro "pano de fundo do Novo Testamento". Essa gente tinha até mesmo escrituras hebraicas distintas – diferentes livros e diferentes versões de textos conhecidos, como o de Isaías. O que aconteceu com todos aqueles textos proféticos mencionados nos Livros de Crônicas (por exemplo, segundo 2 Crônicas 9,29: a história do profeta Nathan, a profecia de Aías silonita, as visões do vidente Ido)? Só se veio a ter cânone fixo nas Escrituras hebraicas após o advento do cristianismo, e *há boas razões para suspeitarmos de que o conhecido cânone hebraico tenha sido estabelecido como reação ao cristianismo.* Até mesmo o texto hebraico do qual a Bíblia inglesa é traduzida foi fixado ao final do primeiro século de nossa era e excluía a versão (ou as versões) que os primeiros cristãos (e a comunidade do Mar Morto) haviam utilizado. Outros textos

---

[11] Martin Hengel, *The Son of God*. London, SCM Press, 1976, p. 18.

anteriores ao cristianismo preservaram as vozes do longo exílio e da hostilidade ao segundo templo; não obstante, esses textos só foram preservados por escribas cristãos. Era proibido aos judeus lê-los, e os pergaminhos dos *minim* (hereges) deveriam ser queimados ainda que contivessem o santo Nome.[12] Isso explica o que ocorreu a grande parte das evidências. A tradição do "longo exílio" deve ter sido um dos fatores que distinguiam os judeus dos cristãos. Noutras palavras, os cristãos eram os herdeiros daqueles que rejeitavam o segundo templo e sua respectiva tradição, ansiando pela restauração do templo verdadeiro. Dada a tradição representada no Antigo Testamento *tal qual o encontramos nas Igrejas romana e protestantes* (isto é, o Antigo Testamento traduzido a partir do texto hebraico pós-cristão), é provavelmente algo exterior ao cânone das Escrituras o que se mostrará mais útil como fonte de informação acerca da matriz do cristianismo.

Quando, no início do século IV d.C., o imperador romano Constantino construiu grandes igrejas na Palestina, o local erigido ao redor da região do Calvário e do túmulo de Jesus claramente o fora para ser o templo restaurado – não aquele destruído pelos romanos em 70 d.C., e sim o templo original que fora demolido em 586 a.C. As relíquias "adquiridas" para o bem dos peregrinos eram relíquias do primeiro templo: o anel do rei Salomão, que conservara os demônios à distância do local da construção, e o corno de óleo empregado para ungir os reis de outrora. O Calvário se tornou o monte do templo em que, segundo a lenda judaica, Isaac fora sacrificado. Aos peregrinos dizia-se que Adão não havia sido criado do pó do monte do

---

[12] Talmude babilônico *Gittin*, 45b; trad. I. Epstein (org.), *The Babylonian Talmud*. London, Soncino Press, 1935-48, 35 vols.

templo, e sim do pó do Calvário.[13] Os cristãos tinham restaurado o antigo templo, o templo verdadeiro. Constantino não o fizera apenas como demonstração da magnificência imperial. Desde o começo, os cristãos adotaram e preservaram os costumes do templo originário. Muitos sacerdotes aderiam à igreja de Jerusalém (Atos dos Apóstolos 6,7). A igreja primitiva conheceu uma tradição sacerdotal secreta, transmitida oralmente; ela dizia respeito a certas práticas da liturgia e aos costumes do templo.

Uma vez identificada, a tradição do templo se torna manifesta nos Evangelhos mesmos. O papel do sumo sacerdote real (no antigo templo, se trataria do rei ungido), por exemplo, era delir o pecado e a impureza das pessoas, de modo que pudessem ser devolvidas aos laços da aliança. O retrato mais claro disso encontra-se em Isaías 53. Não é mera coincidência que esse seja um dos textos citados com maior frequência no Novo Testamento. O sumo sacerdote real era o grande anjo em forma humana, o Homem, que se movimentava entre o céu e a terra. A visão de Daniel 7 vem frequentemente citada ou implícita no Novo Testamento, com a figura humana elevando-se na companhia das nuvens para ser entronizado. O sumo sacerdote real nascia como filho de Deus no santo dos santos. O Salmo 110 (deteriorado no hebraico, mas legível em grego) descreve esse processo e é o outro texto que mais se cita no Novo Testamento. Os dois rituais do templo que foram originalmente exclusivos aos sumos sacerdotes eram o transporte do sangue para o interior do santo dos santos no Dia da Expiação e a ingestão do pão da proposição no sabá. A combinação de ambos veio a tornar-se a Eucaristia cristã.

---

[13] Detalhes em meu livro *The Great High Priest*, p. 98 (ver nota 1).

A busca pelo templo também é, de certo modo, a busca pelo sentido subjacente ou original de alguns dos textos do Antigo Testamento. Uma das curiosidades dessa investigação está em que, não obstante fosse conhecida nos textos pré-cristãos dos Manuscritos do Mar Morto, uma enorme proporção dos textos hebraicos relevantes ou não consta hoje no hebraico corrente, ou encontra-se ilegível neste e tem de ser reconstruída a partir do grego. Isso não pode ser mera coincidência. Ali onde os escritos cristãos reproduzem uma sequência de textos das Escrituras – como no caso de Hebreus 1 –, não podemos presumir que as ideias expressas constituíam inovação cristã, que os textos estavam sendo empregados fora de contexto a fim de dar roupagem decente a novas ideias nas Escrituras. Uma teia inteira de pressupostos consagrados – e que muitas vezes passam despercebidos – deve ser questionada e abandonada. Libertos então desses pressupostos, estaremos em posição mais adequada para atacar a questão de como o cristianismo se desenvolveu – a doutrina, a liturgia, a arte e suas imagens, seu estilo de vida.

Não há qualquer dúvida de que a fé do templo se tornou o cristianismo. As imagens e práticas que a maioria dos cristãos toma por coisa corriqueira – como o sacerdócio, a forma das igrejas tradicionais ou as imagens do sacrifício e da expiação – claramente derivaram do templo. Ao reconstruir o mundo da fé antiga, pode-se demonstrar que a Invocação da Presença divina, a Encarnação, a Ressurreição, a *Theosis* (o humano tornando-se divino), a Mãe de Deus e o auto-oferecimento do Filho de Deus também foram extraídos dali. O Evangelho, tal qual originalmente pregado por Jesus, tal qual desenvolvido e vivido pela Igreja primitiva, dizia respeito à restauração do templo verdadeiro.

Isso explica como a doutrina cristã conseguiu se desenvolver de maneira tão rápida; ela expressava um conjunto de crenças há muito estabelecido à luz da vida e das obras de Jesus.

> É tentador afirmar que mais ocorreu nesse período inferior a duas décadas (após a Páscoa) do que nos sete séculos seguintes, até a época em que a doutrina da Igreja primitiva se completou. Com efeito, se poderia até mesmo questionar se a formação da doutrina na Igreja primitiva teria sido essencialmente mais do que um desenvolvimento e uma conclusão coerentes daquilo que já se tinha desdobrado no acontecimento primevo das duas décadas iniciais, mas agora segundo a linguagem e as formas de pensamento dos gregos, que constituíam seu ambiente necessário.[14]

Quão importante é, por conseguinte, compreender essas duas primeiras décadas no templo segundo sua ambientação original.

---

[14] M. Hengel, *The Son of God*, p. 2 (ver nota 11).

Introdução à
TEOLOGIA DO TEMPLO

Capítulo I

CRIAÇÃO

Um templo esteve de pé em Jerusalém por mais de mil anos. Segundo o relato bíblico, o primeiro foi construído por Salomão em cerca de 950 a.C. e acabou por ser gravemente avariado pelos babilônios mais ou menos 350 anos depois. Ao final do século VI a.C., foi reconstruído pelas pessoas que regressavam do exílio na Babilônia; e, já ao termo do século I a.C., foi reconstruído mais uma vez por Herodes, o Grande. A estrutura foi enfim destruída pelos romanos em 70 d.C., mas a influência do templo e seu mundo durou muito mais do que sua existência física.

Jesus conheceria o templo de Herodes e profetizou sua destruição. Não restará pedra sobre pedra, disse, que não seja demolida (Marcos 13,2). Disso se poderia presumir que Jesus se opunha ao templo, mas na verdade, como veremos, *o mundo do templo era o mundo dos primeiros cristãos, que expressavam sua fé em termos extraídos quase exclusivamente dele.* Jesus e seus seguidores se opunham ao que o templo se havia tornado; identificavam-se eles como o templo verdadeiro, sendo Jesus o grande sumo sacerdote.

Quando Jesus foi detido pelas autoridades do templo, entre as acusações que lhe foram lançadas estava a de ameaçar destruir o templo e reconstruí-lo em três dias (Marcos 14,58). Outra era a de declarar-se o Messias (Mateus 26,63-64). Tratava-se de dois aspectos da mesma acusação, como se pode deduzir do *Livro de Enoque*,[1] texto que os primeiros cristãos consideravam parte das Escrituras. O *Livro de Enoque* descrevia o julgamento dos anjos decaídos e o modo como o Senhor do rebanho daria fim ao velho templo e levantaria, em seu lugar, algo maior (*1 Enoque* 90,28-29). É esta a razão por trás das duas perguntas formuladas quando do julgamento de Jesus: Disseste que destruirias o templo e o reconstruirias em três dias? És o Messias, o Filho do Deus bendito? A mesma passagem refere o diálogo entre Jesus e os judeus registrado em João 2,19-21: "Jesus lhes respondeu: 'Destruí este templo, e em três dias eu o edificarei'. Os judeus então disseram: 'Quarenta e seis anos foram necessários para construir este templo, e tu o edificarás em três dias?'". Após certa ponderação posterior, o evangelista se viu levado a acrescentar: "Ele, no entanto, falava do templo de seu corpo". Jesus estava avocando para si a profecia de Enoque, segundo a qual ele era o Senhor do rebanho que destruiria e reconstruiria o templo. Enoque não se encontra em nossa Bíblia atualmente, mas os Manuscritos do Mar Morto demonstram que se tratava de um dos livros mais utilizados à época de Jesus. Na Palestina do século I, sabia-se que o Messias, o Bom Pastor, destruiria e reconstruiria o templo. Este é apenas um dos exemplos que revelam por que o *Livro de Enoque*, bem como outros textos semelhantes, é hoje

---

[1] O *Livro de Enoque* (em geral conhecido como *1 Enoque*) é a tradução etíope de um texto que se sabe ter existido em aramaico. Fragmentos seus foram encontrados entre os Manuscritos do Mar Morto. Uma tradução inglesa encontra-se no primeiro dos dois volumes de *The Old Testament Pseudepigrapha*, de James H. Charlesworth. London, Darton, Longman & Todd, 1983-85. Há também uma tradução com notas mais completas: Robert H. Charles, *The Book of Enoch*. Oxford, Clarendon Press, 1893, mas reimpresso várias vezes; recentemente, como brochura pela SPCK.

reconhecido como indício importante para a compreensão das origens cristãs, sobretudo no que diz respeito ao templo.

Se a pesquisa a ele referente se limitasse apenas aos textos bíblicos, a tarefa pouco diferiria daquela de reconstruir a história do cristianismo na Grã-Bretanha desde 1066, cujas fontes primárias disponíveis se resumem aos restos de um velho hinário, alguns recortes relativos a acontecimentos da realeza, uns documentos sobre os trabalhos de restauração desempenhados numa importante catedral e um punhado de fragmentos, cuja data não se sabe, do armário de uma sacristia. A razão de isso acontecer é questão importante – e tanto mais porque as poucas informações encontradas nos textos bíblicos são incoerentes e só dizem respeito a aspectos extrínsecos. *Não se encontra ali o âmago da antiga fé.* Até mesmo a obra que se tornou maior referência a respeito do judaísmo à época dos primeiros cristãos[2] só lida com aspectos externos: famílias e hierarquias sacerdotais, receitas e administração dos fundos do templo, a organização de seu cerimonial, a segurança do templo e os deveres policiais dos levitas, etc. Nada há que diga respeito à ideia que os sacerdotes faziam de si mesmos, ou ainda àquilo que seus ritos queriam dizer. *Não há qualquer teologia do templo.*

Os textos bíblicos que tratam do templo apresentam discrepâncias interessantes. A comparação das duas descrições do templo de Salomão – aquela do cronista, entusiasta do templo, e aquela do deuteronomista, que não o era – revela certa sensibilidade quanto a alguns aspectos do templo: o trono de querubins no santo dos santos, por exemplo, e o véu que o ocultava. O deuteronomista, que não via o templo com bons olhos, remete-se apenas a dois querubins

---

[2] Emil Schürer, *The History of Jewish People in the Age of Jesus Christ*, rev. Geza Vermes e Fergus Millar. Edinburgh, T&T Clark, 1973.

de ouro ali, sem nada falar sobre a presença do véu (1 Reis 6,23-28); o cronista, por sua vez, descreveu os querubins num *trono-carruagem de ouro* (1 Crônicas 28,18) oculto sob um véu azul, púrpura e carmesim, fabricado com linho fino e adornado com querubins dourados (2 Crônicas 3,14). Qual era então o problema com o trono e o véu? Seriam eles fruto da fantasia do cronista? Ou porventura o deuteronomista censurou informações a respeito do templo? Quanto à música do templo, encontramos problema semelhante. O cronista escreveu detalhadamente sobre os músicos e sobre a importância de seu contínuo serviço diante da arca (1 Crônicas 16,37). Quando da consagração do templo por Salomão, escreveu ele, e da colocação da arca no santo dos santos, os músicos e cantores do templo faziam música em uníssono até que a Glória do Senhor enchesse o templo (2 Crônicas 5,11-14). Alhures, o cronista confirma ser esse o objetivo da música: *invocar [a presença do] Senhor* (1 Crônicas 16,4), de modo que os músicos tocavam e a Glória enchia a casa. O deuteronomista não mencionou a música (2 Samuel 6; 1 Reis 8,10). Será que a invocação da presença do Senhor trazia alguma dificuldade, ou será que se trata de outra fantasia da parte do cronista?

E o que dizer da expiação? Aquele que compilou a forma final do Pentateuco negava que alguém poderia realizar a expiação por outrem. Lemos que, após o pecado do bezerro de ouro, Moisés se colocou diante do Senhor e ofereceu a própria vida como expiação pelo pecado. No entanto, o Senhor disse a Moisés: "O que pecou contra mim, este eu apagarei de meu livro" (Êxodo 32,33). Por que Moisés julgara possível oferecer-se como expiação? Temos a impressão de que, nesse texto, há a promulgação de uma nova prática por meio da história de Moisés. Realizar a expiação no lugar de outros não mais parece possível na era da Lei, quando cada qual é responsável pelos próprios pecados. *O que pecou contra mim, este eu apagarei de meu livro*. E assim o Dia da Expiação não figura no calendário do deuteronomista: a Páscoa, as Semanas e os Tabernáculos são as festas reconhecidas (Deuteronômio 16), ao passo que o calendário sacerdotal elenca o Dia da Expiação entre as festas fixadas durante o outono (Levítico 23,26-32). É este o nosso problema. Qual dos relatos bíblicos é o relato preciso? O templo antigo teria sido ou não um lugar de expiação, um trono de ouro e um véu, com músicos invocando a presença do Senhor? Eis algo que possui certa importância para os cristãos, uma vez que esses elementos – a expiação (alguém oferecendo a si mesmo pelo pecado dos outros), o trono celestial e o véu do templo – são relevantes no Novo Testamento, e a invocação, isto é, a *epiklesis*, ocupava posição central nas liturgias primitivas.

É possível reconstruir algo do mundo do templo por meio de uma gama de materiais antigos – e não apenas dos textos bíblicos – e, então, demonstrar como essa reconstrução é capaz de esclarecer textos bíblicos e práticas cristãs.

O FEITIO DO TEMPLO

Fontes judaicas posteriores preservam muitas tradições – quase certamente, lembranças – que dizem respeito ao templo. Quando, já avançada a era cristã, acabou por ser compilado o Talmude babilônico, recordava-se que o mobiliário do santuário do primeiro templo fora escondido na época do rei Josias: a arca contendo a vasilha de maná e a vara de Aarão e o óleo santo com que os reis e sacerdotes eram ungidos.[3] Por conseguinte,

---

[3] Talmude babilônico *Horayoth* 12a; trad. I. Epstein (org.), *The Babylonian Talmud*. London, Soncino Press, 1935-48, 35 vols.

ninguém foi ungido, e tampouco poderia ter surgido Messias, no período do segundo templo. O grande comentário sobre o Livro dos Números – *Números Rabbat* – registra que, à época do Messias, o mobiliário do verdadeiro templo seria restaurado: o fogo, a arca, o candelabro de sete braços, o Espírito e os querubins.[4] Essas são lembranças interessantes. A arca reapareceria à época do Messias – e o Livro do Apocalipse diz que João viu a arca no templo celeste pouco antes de a mulher revestida de sol dar à luz seu filho, o Messias que foi arrebatado para junto do trono de Deus (Apocalipse 11,19; 12,6).

Valendo-se de um material como esse, é possível reconstruir algo do sentido do templo. Haveremos de nos voltar, primeiro, ao sentido do santo dos santos, que abrigava o trono-carruagem, e ao véu – aqueles dois aspectos do templo sobre os quais nada disse o deuteronomista.

O templo (bem como o tabernáculo, que em grande medida partilhava de seu simbolismo) representava a criação. Os seis dias da criação descritos no capítulo primeiro do Gênesis se espelhavam nos seis estágios da construção do tabernáculo do deserto. Um Midrash[5] primitivo declarou: "O tabernáculo é igual à criação do mundo". Em seguida, demonstrava como o Dia Um, no relato do Gênesis, correspondia ao santo dos santos; o segundo dia, ao véu; o terceiro dia, à bacia de bronze; e o quarto, ao candelabro de sete braços.[6] Uma reconstrução moderna empreendi-

---

[4] *Números Rabá* XV,10; trad. Harry Freedman (org.), *Midrash Rabá*. London, Soncino Press, 1939, 10 vols.
[5] O Midrash, cuja origem é a palavra hebraica *darash* ("buscar"), é uma forma de expor as Escrituras que almeja sua significação teológica.
[6] Midrash *Tanhuma* 11,2; trad. S. A. Berman. Hoboken, KTAV, 1996.

da por Ginzberg,[7] fundamentada numa série de fontes antigas, propôs que o terceiro dia correspondia ao pão da presença, o pão da proposição. O indício mais antigo dessa correspondência pode ser encontrado no último capítulo do Êxodo, onde Moisés montou o tabernáculo (Ex 40,17-33). Ele começou no primeiro dia do ano – o ano-novo estava tradicionalmente vinculado à história da criação –, ao passo que o tabernáculo foi erigido segundo estágios marcados pela expressão "como o Senhor tinha ordenado a Moisés". Primeiro foi erguida a estrutura externa, como no Dia Um, quando Deus separou a luz das trevas. Em seguida, correspondendo ao segundo dia da criação, quando os céus foram dispostos a fim de separar o que estava acima daquilo que estava abaixo, foi colocado em seu devido lugar o véu, que deveria separar o santo dos santos. No terceiro dia, instalou-se a mesa para o pão, o vinho e o incenso, representando o terceiro dia da criação, quando vieram à existência as plantas com sementes e frutos. No quarto dia, foi instalado o candelabro de sete braços, a fim de representar os luzeiros colocados no céu quando do quarto dia.

Depois disso encontramos problemas, uma vez que os textos hebraico e grego do Êxodo divergem nesse ponto. O padrão, porém, é claro o suficiente no que diz respeito aos quatro dias iniciais e foi por muito tempo recordado. Cosmas, um cristão egípcio, escrevendo no século VI, sabia não somente que o relato da criação estava espelhado na construção do tabernáculo, mas também que o primeiro capítulo do Gênesis consistira no registro da visão que Moisés experimentara no Sinai. Estava aí o vínculo entre Moisés e a história da criação. Moisés estivera no

---

[7] Louis Ginzberg, *The Legends of the Jews*. Philadelphia, Jewish Publication Society of America, 1909-38, vol. 1, p. 51.

meio da nuvem, sobre o Sinai, durante seis dias antes de, no sétimo, o Senhor falar-lhe (Êxodo 24,15-16); e, durante aqueles seis dias, ele vira a criação. Imediatamente após essa visão, ordenou-se a Moisés que construísse o tabernáculo de acordo com o que fora visto, e assim o tabernáculo espelhava a criação. Cosmas o descreveu desta maneira:

> Uma vez, portanto, que lhe fora revelado como Deus criou o céu e a terra e como, no segundo dia, fez o firmamento no meio de ambos (...), Moisés, de modo semelhante, segundo o padrão que vira, fez o tabernáculo e pôs o véu no meio, e mediante essa divisão transformou um só tabernáculo em dois, o interior e o exterior.[8]

Ele então explica como Deus revelou a Moisés "tudo o que fizera ao criar o mundo em seis dias, mostrando-lhe em seis outros dias a criação do mundo, realizando em sua presença os trabalhos de cada dia".[9] Outros textos antigos, como veremos, dão a entender que essa fora a visão do sumo sacerdote no santo dos santos. São muitos os exemplos de lendas sobre Moisés que absorvem tradições advindas do primeiro templo e em que a história do Sinai se expande com imagens cuja origem é o santo dos santos.

Os primeiros dois dias da criação, correspondentes como são ao santo dos santos e ao véu, revelam de que modo as tradições referentes ao início da criação podem ajudar a reconstruir crenças

---

[8] Cosmas 2,35. *Christian Topography*, trad. J. W. McCrindle. London, Hakluyt Society, 1897.
[9] Cosmas 3,13.

acerca do santo dos santos e do véu, bem como o modo pelo qual ambas são capazes de iluminar textos bíblicos bastante conhecidos.

O TEMPLO E OS DIAS DA CRIAÇÃO

1 2 3 4 5 6

Dia	Componente do templo/tabernáculo	Sentido
1	Santo dos santos	O trono de Deus, o coração oculto da criação, a fonte da vida.
2	O véu	A teia de matéria que oculta o trono de Deus à percepção do homem.
3	A mesa para o pão	A vegetação da terra, o vinho e o incenso.
4	O candelabro de sete braços	O sol, a lua e os cinco planetas conhecidos.
5	O altar da oferta queimada	O simbolismo já não é claro porque o texto de Êxodo 40 difere no grego e no hebraico. É provável que o altar representasse as criaturas não humanas.
6	O Sumo Sacerdote	O homem como o sumo sacerdote da criação.

O SANTO DOS SANTOS

O santuário interior, conhecido como "oráculo",[10] foi erigido na forma de um cubo perfeito e revestido de ouro. Esteve vazio no segundo templo, mas ainda assim os textos místicos e apocalípticos do período eram colocados num local santo e ricamente mobiliado, um local de fogo em que o Santíssimo era entronado diante de incontáveis anjos. O conteúdo mais antigo do *Livro de Enoque* descreveu como Enoque, figura sumo sacerdotal, subia a um templo celeste de fogo e cristal, no interior do qual havia uma casa de fogo. A Grande Glória assentava-se ali sobre seu trono, mas nenhum dos anjos poderia adentrar aquele local sagrado, exceção feita a Enoque, que foi convocado à sua presença. Isso deve refletir a prática do templo; ali, somente o sumo sacerdote poderia adentrar a casa interna, ao passo que os outros sacerdotes não poderiam ir além do salão. Isaías teve uma visão do trono e dos anjos no templo, e Daniel viu a figura de um Homem vindo sobre as nuvens até à presença do Ancião de Dias. Porventura houvera, no santo dos santos, trono que pudesse ter inspirado essas visões? Caso tenha existido algum, por que o deuteronomista não o mencionou?

Um problema semelhante surge da descrição do início da criação,[11] o qual corresponde ao santo dos santos. O primeiro capítulo do Gênesis não menciona a origem dos anjos, muito

---

[10] O hebraico *d^ebir*, tradicionalmente compreendido como o local em que a voz divina era ouvida, foi há pouco explicado como a "parte de trás" do templo. Esse significado posterior é pouco provável.

[11] A Mishná declara que a história da Criação e a descrição do trono-carruagem em Ezequiel não devem ser ensinadas publicamente, e sim que um mestre poderia confirmar a veracidade delas a um pupilo que já

embora o relato tenha fim com as seguintes palavras: "E assim foram concluídos os céus e a terra, bem como todo o seu exército" (Gênesis 2,1). Os pesquisadores muitas vezes chegaram a assinalar a ausência dos anjos, sobretudo porque o *Livro dos Jubileus*, outro texto antigo que corresponde ao Gênesis,[12] descreve sua origem. No início, Deus criou "todos os espíritos que o servem",[13] os quais foram elencados como os anjos da presença e os anjos do fogo, dos ventos, dos fenômenos meteorológicos e das estações. Mais conhecido do que o *Livro dos Jubileus* é o *Benedicite*, que encontramos no texto grego de Daniel e exorta toda a criação a louvar o Senhor. Sua segunda metade lista as obras da criação segundo a conhecida ordem do Gênesis: a terra, as plantas, as águas, os peixes, as aves, os animais e, por fim, a raça humana. A primeira metade, entretanto, elenca os anjos descritos no *Livro dos Jubileus*: os poderes, os fenômenos meteorológicos, os ventos e as estações. O *Benedicite* pressupõe uma história da criação mais completa. Os anjos não se encontram na parte correspondente de Gênesis 1, e os rabinos eram enfáticos ao afirmar que eles jamais estiveram ali. Eram muitas suas sugestões a respeito da origem angélica, mas todos concordavam num ponto: os anjos não tinham sido criados no Dia Um.[14] Para eles, esse deve ter sido

---

a compreendesse. Mishná *Hagigah* 2,1; trad. H. Danby, *The Mishnah*. Oxford, Clarendon Press, 1933.

[12] A origem desse texto é desconhecida. Fragmentos seus foram encontrados entre os Manuscritos do Mar Morto, e ele foi preservado como parte das Escrituras pela velha Igreja etíope. Ele tem certo quê sacerdotal, assim como o primeiro e o segundo livro de Crônicas o possui se comparados aos relatos correspondentes no primeiro e segundo livro dos Reis.

[13] *Jubileus* 2,2; trad. Charlesworth, vol. 2 (ver nota 1).

[14] *Genesis Rabá* III; trad. Freedman (ver nota 4).

um problema importante, e, não obstante a tradição por trás dos *Jubileus* e no *Benedicite*, a presença dos anjos no início da criação era uma resposta que não podiam aceitar. Desse modo, um santo dos santos vazio significava mais do que a mera ausência de um trono; *também a teologia angélica do santo dos santos se fazia ausente*. O Livro do Apocalipse, no entanto, passa-se num santo dos santos plenamente guarnecido, com seu trono e seus anjos, e João é convidado, qual Enoque, a entrar ali e colocar-se diante do trono. É interessante que João fosse lembrado como um sumo sacerdote que ostentava o Nome do Senhor em sua fronte.[15]

A teologia do santo dos santos era exclusiva ao sumo sacerdócio; tudo o que "estava relacionado ao altar e ao lado de dentro do véu" restringia-se aos filhos de Aarão (Números 18,7; e ainda LXX Nm 3,10). Isso nos oferece o contexto das afirmações encontradas em alguns dos primeiros autores cristãos, segundo as quais Jesus foi o verdadeiro sumo sacerdote a ensinar os segredos a seus seguidores. Inácio de Antioquia, talvez no início do século II, escreveu: "Tão somente a Jesus, como nosso sumo sacerdote, foram confiados os segredos de Deus".[16] Sobre seus oponentes, Clemente de Alexandria declarou: "Eles não ingressam como nós o fazemos, por meio da tradição do Senhor, ao descerrarmos a cortina".[17] Ao definir qual era a *sua* tradição autêntica, rabinos contemporâneos a declararam transmitida de Moisés a Josué, deles aos anciãos, dos anciãos aos profetas e, por fim, aos homens

---

[15] Eusébio, *History of the Church* 3,31; trad. Andrew Louth e G. A. Williamson. London, Penguin, 1989.

[16] Inácio de Antioquia, *Letter to the Philadelphians* 5; trad. Maxwell Staniforth em *Early Christian Writings: the Apostolic Fathers*. London, Penguin, 1968.

[17] Clemente de Alexandria, *Miscellanies* 7,17; trad. em *The Ante-Nicene Fathers*. Grand Rapids, Eerdmans, 1979-1986, vol. 2.

da grande sinagoga.[18] O sacerdócio e sua tradição não são mencionados, e só nos cabe especular quanto ao porquê.

A TRADIÇÃO SECRETA

No tratado *Sobre o Espírito Santo*, de meados do século IV, São Basílio explicou que havia ensinamentos dos apóstolos que jamais haviam sido registrados por escrito. Esses ensinamentos diziam respeito à prática de rezar voltado para o Oriente, ao uso do sinal da cruz e à *epiklesis*, isto é, as palavras empregadas na Liturgia para chamar o Senhor, originalmente, para o templo (por exemplo, Salmos 38,21-22; 70,1.5), agora para o pão e o vinho.[19] Não pode ser mera coincidência que todos os três costumes fossem costumes do primeiro templo. Basílio explicou que "estiveram eles mantidos em silêncio e em segredo" e que se referiam a "costumes litúrgicos, orações e ritos sacramentais", bem como às doutrinas teológicas que lhes eram subjacentes. Orígenes (morto em 253 d.C.), ao explicar por que a mobília do tabernáculo fora coberta pelos sumos sacerdotes antes de os levitas a carregarem (Números 4), declarou que o significado dessa mobília, outrora oculto a Israel, era agora conhecido pela Igreja, "tendo-nos sido transmitido e confiado pelo sumo sacerdote e seus filhos".[20] Basílio comparou o voltar-se para o Oriente, o sinal da cruz e a *epiklesis* aos segredos do santo dos santos. No Novo Testamento, a Carta aos Hebreus, tendo elencado o mobiliário do santo dos santos, logo se põe a dizer: "Dessas coisas não

---

[18] Mishná *Aboth* 1,1 (ver nota 11).
[19] *Sobre o Espírito Santo* 66.
[20] Orígenes, *Homilia sobre os Números* 5.

nos cabe falar, agora, em detalhes" (Hebreus 9,5). Esse conhecimento não deveria ser nem registrado por escrito, nem tornado público. Pedro, na sua carta primeira, escreveu que os cristãos conheciam "coisas que os anjos anseiam por contemplar" (1 Pedro 1,12). Também aqui deve tratar-se do santo dos santos, aos anjos inacessível. Já no Deuteronômio, a posse desse conhecimento fora motivo de controvérsia: "O que está em segredo pertence ao Senhor nosso Deus"; tudo o que se exigia de Israel era obediência aos mandamentos revelados (Deuteronômio 29,29). A Lei não era algo que se precisasse buscar no céu, e não havia necessidade alguma de perguntar-se: "Quem irá ao céu para no-la buscar, quem a trará (...)?" (Deuteronômio 30,12).

Os segredos do santo dos santos diziam respeito à origem da criação, ao Dia Um; quem ali adentrasse experimentava a visão da criação que Moisés experimentara. Textos como o *2 Enoque* descrevem pormenorizadamente o modo como Enoque vira os dias da criação se desdobrarem diante de si, tendo sido isso o que o tornara sábio. Desconhecemos a idade desse texto de Enoque, mas Neḥuniah, místico judeu que declarava ter contemplado "os mistérios e os segredos (...), a tecedura da teia que completa o mundo",[21] ministrava suas lições mais ou menos ao final do século I d.C. Ele parece ter vivenciado uma experiência mística similar àquela descrita no *2 Enoque*, revelando que aquelas doutrinas eram conhecidas à época de Jesus. Precisamente a mesma experiência, no entanto, encontramos implícita no Livro de Jó, e, portanto, ela devia fazer parte da tradição hebraica havia muito

---

[21] *Hekhalot Rabbati* 201. Material semelhante encontra-se traduzido em Peter Schäfer, *The Hidden and Manifest God: Some Major Themes in Early Jewish Mysticism*. Albany, NY, State University of New York Press, 1992, p. 12.

tempo. Elifaz insultou Jó ao falar dos limites de sua sabedoria e lhe perguntou: "Porventura assististe ao conselho de Deus?" Também questionou-lhe: "És, por acaso, o primeiro homem, (...) gerado antes das colinas?" (Jó 15,7-8). Quando o próprio Senhor dirigiu-se a Jó no meio da tempestade, disse-lhe: "Onde estavas tu quando lancei as fundações da terra? Dize, caso tenhas ciência" (Jó 38,4). Aqueles que haviam assistido ao conselho e assimilado a sabedoria estiveram presentes desde antes da criação do mundo visível e material, e o viram ganhar existência.

Essas pessoas tinham ainda nascido no santo dos santos "gerado antes das colinas". Uma vez que Jó supostamente nascera do mesmo modo como qualquer outra pessoa, esse nascimento no santo dos santos deve ter sido algo distinto. Com efeito, tratar-se-ia da experiência descrita alhures como ressurreição. Quem entrasse no santo dos santos e se colocasse diante do trono do Santíssimo se tornava anjo. No Evangelho de Lucas, Jesus explicou que não havia matrimônio no céu porque também não havia morte: "[Os que se encontram no céu] assemelham-se a anjos e são filhos de Deus, pois são filhos da ressurreição" (Lc 20,36). Ressurreição era a transformação em estado angélico. Há relatos de como Enoque converteu-se em anjo, ressuscitou e *foi enviado de volta à terra*. O mais detalhado deles descrevia como Enoque foi ungido com óleo ao colocar-se diante do trono e como viu a si mesmo convertendo-se em anjo.[22] Na teologia do templo, *a ressurreição não era uma experiência* post mortem. Tratava-se de uma *theosis*, da transformação de um ser humano em ser divino, a qual vinha acompanhada do dom da Sabedoria; e a *theosis*, descrita como é de várias maneiras, encontrava-se no âmago da tradição

---

[22] *2 Enoque* 22; trad. Charlesworth, vol. 2 (ver nota 1).

do templo, ao lado da crença num ungido ressurrecto, isto é, num Messias ressuscitado. Os cristãos se consideravam anjos sobre a terra; Jesus os exortara a se tornarem filhos da luz (João 12,36; ver também o "comportai-vos como filhos da luz", Efésios 5,8); Paulo recordou os tessalonicenses de que todos eram filhos da luz (1 Tessalonicenses 5,5) e descreveu os bem-aventurados de Roma, Corinto e Efésios como os "santos". Os cristãos de Colossas já haviam ressuscitado com Cristo (Colossenses 3,1), e João sabia que os que tinham sido ungidos sabiam todas as coisas (1 João 2,20). Essas são imagens do sumo sacerdócio, a condição dos ressuscitados. Esse é o sumo sacerdócio de todos os que creem.

O santo dos santos era a criação invisível – estava além do véu e, portanto, fora da matéria e do tempo –, e acreditava-se que os ritos praticados ali se davam na eternidade, antes da criação do mundo visível. Desse modo, Enoque descreveu como o Homem (isto é, o Messias) foi nomeado antes de criados o sol e as estrelas (*1 Enoque* 48,2-3). As palavras de Isaías são mais conhecidas: "A nós um menino nasceu, um filho nos foi dado" era a canção entoada pelos anjos quando nasceu o anjo novo, aquele que deveria tornar-se o rei davídico (Isaías 9,6-7). O Salmo 110, um dos textos mais citados no Novo Testamento, descreveu como o sumo sacerdote de Melquisedec foi gerado na glória dos santos – reconstrução essa que se baseia no grego antigo, uma vez que o texto hebraico é opaco nesse ponto. Dado que o grego antigo descreve a origem do Filho divino, gerado no santo dos santos, isso talvez explique a situação do hebraico. "Eu te gerei" é também encontrado no Salmo 2,7. Um dos segredos do santo dos santos e do sumo sacerdócio, portanto, era a geração do Filho na eternidade como o sumo sacerdote de Melquisedec. Isso explica a resposta que Jesus dá aos críticos: "Dizeis, a quem o

Pai consagrou [isto é, como sumo sacerdote] e enviou ao mundo, que é blasfemo apenas porque eu disse: 'Eu sou o Filho de Deus'?" (João 10,36). À época de Jesus, cria-se que o sumo sacerdote – ou melhor, o verdadeiro sumo sacerdote – era um só com Deus, o Filho de Deus, e uma tal união caracterizava-se como comunhão de vida ou espírito (Jo 6,57.63).

UNIDADE

Os senhores devem ter notado que não descrevi o início da criação como "o primeiro dia". O véu representava o segundo dia; a mesa, o terceiro; e o candelabro de sete braços, o quarto. O início, todavia, não vinha descrito como o primeiro dia porque não fazia parte da sequência temporal. O hebraico fala no Dia Um, o qual os rabinos recordavam como o Dia (ou estado) em que o Santíssimo era um só com o universo.[23] O Dia Um, portanto, era o estado de unidade subjacente (e não precedente) a toda a criação visível. Fílon foi enfático: "O 'no princípio'", escreveu, "não deve ser entendido em sentido cronológico, porquanto não havia tempo antes de criado o mundo visível".[24] Desse modo, deveríamos compreender a frase que dá início ao Gênesis segundo os termos do santo dos santos: "No princípio, Deus criou...".

Os que adentravam o santo dos santos compreendiam como aquela unidade original se tornara a diversidade da criação visível. Quando a Enoque foi revelado o que estava oculto, ele primeiro viu como o reino se dividiu; em seguida, contemplou

---

[23] *Gênesis Rabá* III,8; trad. Freedman (ver nota 4).
[24] Fílon de Alexandria, *Da Criação do Mundo e outros Escritos*. São Paulo, É Realizações, 2015, p. 64

os segredos dos ventos e dos fenômenos meteorológicos (*1 Enoque* 41). O santo dos santos era o Reino, o que explica por que a cidade celeste no Livro do Apocalipse consiste num cubo gigante: tratava-se do santo dos santos. Aqueles que só experimentaram a criação visível sabiam que ela estava dividida e separada. O primeiro capítulo do Gênesis descreveu o processo: o firmamento separou as águas, as luzes do céu separaram luz de trevas, e tudo foi criado distintamente, segundo sua espécie. Somente quem tinha acesso aos segredos conhecia a unidade subjacente. Os fragmentos de um texto de Sabedoria achado em Qumran aludem ao mistério da existência (ou, o que talvez seja mais correto, ao mistério do vir a ser): "Contempla o mistério da existência e conhece os caminhos de tudo o que vive", isto é, como tudo ganha existência a partir do santo dos santos (4Q418).[25] Quando João esteve diante do trono no santo dos santos, ouviu o cântico da criação: "És digno, Senhor, nosso Deus, (...) pois criaste todas as coisas e, por tua vontade, todas elas existiram e foram criadas" (Apocalipse 4,11).

No santo dos santos, unidade significava que todos os anjos derivavam do Uno. O menor era parte do maior e o maior era parte de um maior ainda. Coletivamente, tratava-se da Plenitude de Deus, uma vez que todos os anjos eram aspectos divinos. Os sete anjos surgidos do santo dos santos no capítulo 15 do Apocalipse vestiam-se todos como sumos sacerdotes, uma vez que eram todos o sumo sacerdote. Os quatro títulos conferidos ao novo anjo em Isaías 9,5 – "Conselheiro-Admirável, Deus-Forte, Pai-Eterno, Príncipe-da-Paz" – se tornaram, no grego

---

[25] Em G. Vermes, *The Complete Dead Sea Scrolls in English*. London, Penguin, 1997.

antigo, um título só: o Anjo do Grande Conselho, isto é, o Anjo da Sabedoria. Essa unidade e essa pluralidade vêm muito bem ilustradas num texto que é comumente declarado gnóstico; todavia, uma vez que os textos gnósticos encontram-se permeados da imagística do templo, constituem uma fonte valiosa de informação. A *Epístola de Eugnostos*,[26] que foi adaptada e apresentada como doutrina de Jesus num texto paralelo conhecido como *Sofia de Jesus Cristo*, diz o seguinte:

> O tempo veio a ser réplica do primeiro progenitor, seu filho. O ano veio a ser réplica do Salvador; os doze meses, das doze potências; os dias do ano, das potências reveladas pelo Salvador. Em relação aos anjos que destes últimos vieram e que são inúmeros, as horas e as frações dos dias são suas réplicas.

Todos, portanto, são só um do mesmo modo como os segundos são parte do minuto e os minutos, da hora.

Esse importante conceito esclarece João 17, muitas vezes descrito como a oração sumo sacerdotal de Jesus. De início, ele reza para ser glorificado com o Pai em sua presença, "com a glória de que desfrutei junto de ti antes de o mundo ser criado" (17,5), falando ainda de "minha glória, a qual me deste (...) antes da fundação do mundo" (17,24) – referências claras ao santo dos santos como o Dia Um e a sua presença ali. O principal tema da oração é a unidade, de modo que "eles sejam um como nós somos um" (17,22). A união, alhures, é descrita como comunhão de vida ou espírito (João 6,57.63). É a unidade perfeita o sinal

---

[26] C.G. III.3.84; trad. J. M. Robinson (org.), *The Nag Hammadi Library in English*. Leiden, Brill, 1996.

da divindade e a prova da origem de Jesus. Ele veio do Uno, é parte do Uno e faz com que seus discípulos sejam um. Isso se dá, ao final do Livro do Apocalipse, em seu cenário original, onde os servos de Deus e do Cordeiro, uma unidade, cultuam-no, no singular, num estado em que o Senhor Deus é sua luz e eles trazem seu Nome em suas frontes. Noutras palavras, eles foram admitidos ao santo dos santos e ostentam em suas frontes o Nome, que é a marca do sumo sacerdócio. Aqueles que retornavam ao santo dos santos recuperavam a unidade original, o que talvez explique a imagística da primitiva oração eucarística encontrada na *Didaqué*. "Do mesmo modo como este pão partido, outrora disperso sobre as colinas, foi recolhido e feito um, também tua Igreja seja reunida desde os confins da terra."[27]

Era o sumo sacerdote – neste caso, Jesus – quem permitia que os elementos fracionados da criação – neste caso, os seres humanos – recuperassem a unidade original com Deus. Alhures, no Novo Testamento, Jesus é descrito como o Uno que conserva reunidas todas as coisas, e não só seus discípulos. "Ele é a imagem do Deus invisível, o primogênito de toda a criação; pois nele todas as coisas foram criadas nos céus e na terra, as visíveis e invisíveis (...). Ele existe antes de todas as coisas, e nele todas as coisas têm sua consistência" (Colossenses 1,15-17; ver também Efésios 1,10). Paulo descreve esse estado de união como a meta do processo redentor: "E quando todas as coisas estiverem a ele submetidas, então também o Filho se submeterá àquele que lhe submeteu todas as coisas, a fim de que Deus seja tudo em todos" (1 Coríntios 15,28). Essa reunião é a chave para entender o Dia da Expiação, ritual praticado

---

[27] *Didache* 9; trad. *Early Christian Writings* (ver nota 16).

exclusivamente pelo sumo sacerdote no ano-novo. Tratava-se, como veremos, de um compartilhamento simbólico da vida.

O VÉU DO TEMPLO

O véu do templo representava o segundo dia da criação, separando aquilo que estava acima daquilo que estava abaixo – ou, nas palavras de Êxodo 26, realizando a separação entre o local santo e o santíssimo. A distinção entre santo e santíssimo é importante, uma vez que não era apenas questão de grau. As coisas santas eram santas em sentido passivo, mas tudo o que era descrito como santíssimo, ou santo dos santos (ambos representam as mesmas palavras hebraicas), era ativamente santo. O elemento, local ou pessoa santíssima comunicava a santidade. Isso se tornara motivo de controvérsia quando da construção do segundo templo, o que se pode vislumbrar a partir da sentença, em Ageu 2, segundo a qual a carne consagrada não comunicava santidade, enquanto a impureza era contagiosa. Não obstante, os sacerdotes que careciam de uma genealogia impecável foram impedidos de comer carne consagrada (Esdras 2,63).

O véu, no tabernáculo, que escondia o santo dos santos pendia de quatro colunas feitas de madeira de acácia e revestidas de ouro (Êxodo 26,32), mas o modo como essas colunas foram dispostas não é claro. Se alinhadas, o véu atravessaria de um lado a outro o tabernáculo ou templo, mas essa disposição faz surgir alguns problemas. Como o sumo sacerdote adentraria o santo dos santos se o véu consistia numa peça única, fabricada em tecido pesadíssimo? É possível que as colunas tenham sido dispostas como os quatro cantos de um quadrado, com o véu pendendo ao redor deles, criando assim o que Enoque descreveu como uma segunda casa dentro da primeira. Isso esclareceria algumas frases enigmáticas da Mishná[28] que descrevem como o sumo sacerdote adentrava o santo dos santos no Dia da Expiação. Ele atravessava o templo até chegar ao espaço entre as cortinas (no plural), espaço esse que possuía o tamanho de um cúbito. Em seguida, caminhava ao longo delas, dobrava e, depois, retornava tendo a cortina ao seu lado esquerdo, até chegar à arca. Uma vez que a Mishná é veemente ao dizer que havia apenas uma cortina ali, é possível que houvesse somente uma única cortina ao redor dos quatro lados de um quadrado, com uma superposição na parte da frente.

O santo dos santos foi muitas vezes descrito como uma torre, em contraposição ao pátio do templo, que era a casa. Os babilônios, segundo o *Livro de Enoque* (*1 Enoque* 89,66), incendiaram a casa e demoliram a torre, e, ao voltarem, os exilados reconstruíram a torre e puseram, diante dela, uma mesa para a oferta do pão. No entanto, o pão era ritualmente impuro (*1 Enoque* 89,73). No cântico da vinha, em Isaías, a torre que ali se encontra foi interpretada como se consistisse no santo dos santos (Isaías 5,2),[29] e portanto a parábola que Jesus conta acerca da vinha dotada de um lagar e uma torre (Marcos 12,1-9) se opunha aos "arrendatários" atuais do santo dos santos. Também na arte cristã o santo dos santos é frequentemente retratado como um baldaquino que tem por suporte quatro colunas.

Aqueles que atravessavam o véu se encontravam fora do tempo. Quando o rabino Ishmael se elevou e olhou para trás, viu a cortina em que eram retratados o passado, o presente e o futuro.

---

[28] Mishná *Yoma* 5,1 (ver nota 11).
[29] Rabino Yosi, início do século II d. C., na Toseftá *Sukkah* 3,15; trad. J. Neusner (org.), *Tosefta*. New York, KTAV, 1979.

"Todas as gerações, até o fim dos tempos, estavam gravadas na cortina do Onipresente. Vi-as todas com meus próprios olhos."[30] O *Apocalipse de Abraão* descreveu como o patriarca se elevou, olhou para baixo e viu toda a criação prenunciada no firmamento.[31] Enoque foi arrebatado por três anjos e se colocou num local elevado, de onde contemplou toda a história – passado, presente e futuro. O profeta Habacuque também se pôs de pé para espreitar – o que se poderia traduzir por "assumiu seu posto para o serviço sacerdotal" – e se instalou na torre. Manteve-se atento para verificar o que o Senhor lhe diria. "E o Senhor quis assim responder-me: Escreve a visão; grava-a claramente em tábuas" (Habacuque 2,2). Tratar-se-ia das tábuas do céu sobre as quais eram registradas as palavras do Senhor e as visões do futuro. Nós com frequência lemos sobre tábuas assim, sendo as mais conhecidas aquelas trazidas por Moisés do Sinai. Quando o salmista ficou desconcertado ante o triunfo de homens maus, adentrou o santuário de Deus e vislumbrou, ali, o fim deles (Salmos 73,17). Também ele deve ter experimentado uma visão do futuro. Nenhum desses textos pode ser datado com alguma certeza, mas costuma-se dizer que o capítulo 40 de Isaías é anterior à construção do segundo templo, de modo que poderia refletir as crenças do primeiro. Isaías angustiava-se quanto ao futuro de seu povo no exílio, ao que o Senhor recordou-lhe do que havia descoberto quando no santo dos santos. "Não vos foi dito desde o princípio? Nada compreendestes desde a fundação da terra? É ele quem se senta acima do círculo terrestre, (...) quem estende os céus como uma tela e os estende qual uma tenda sob a qual se habita;

---

[30] *3 Enoque* 45,6; trad. Charlesworth, vol. 1 (ver nota 1).
[31] *Apocalipse de Abraão* 21,1; trad. Charlesworth, vol. 1 (ver nota 1).

quem reduz ao nada os governantes da terra" (Isaías 40,21-22). O profeta do exílio vira o futuro de seu povo quando diante do princípio, na fundação da terra. Quando Jesus estava no deserto, o diabo o levou para um alto ponto do templo; também subiu com ele um monte e mostrou-lhe, "num só momento, todos os reinos do mundo" (Lucas 4,5). No Livro do Apocalipse, João foi convocado ao santo dos santos por uma voz que lhe disse: "Sobe, e mostrar-te-ei o que se dará em seguida" (Apocalipse 4,1). Essas eram as visões dos místicos do templo. De mais visões assim deve ter tomado ciência a Igreja primitiva, dado que Clemente de Alexandria escreveu que o conhecimento das coisas do passado, do presente e do futuro fora revelado pelo Filho de Deus, o grande sumo sacerdote que atravessara a cortina.[32] Clemente provavelmente tivera conhecimento de alguns ensinamentos de Jesus que não constam nos Evangelhos.

Segundo o Êxodo 26,31, o véu era feito de fios (que presumimos ser lã) azuis, púrpuras e escarlates, bem como de linho fino. Tratava-se, ademais, de uma obra que era *ḥošeb*, em geral traduzida como obra "hábil". Tanto Fílon quanto Josefo registram o que se dizia sobre o véu no século I d.C.:[33] as quatro cores representavam os quatro elementos de que o mundo era feito – referindo-se o vermelho ao fogo; o azul, ao ar; a púrpura, à água; e o linho branco, à terra. A Mishná, trazendo registros do mesmo período, diz que o véu fora tecido por mulheres jovens e que media 20 x 40 cúbitos no total (cerca de 10 x 20 metros).[34] Formado por

---

[32] Clemente de Alexandria, *Miscellanies* 7,7 (ver nota 17).
[33] Josefo, *War* 5,212-13; Fílon, *Questions on Exodus* 2,85, trad. Loeb Classical Library.
[34] Mishná *Middoth* 4,7 (ver nota 11).

72 tiras de tecido, cada qual com um palmo de extensão,[35] deve ter sido algo de grande valor. Tito carregou o véu como despojo quando os romanos destruíram o templo, em 70 d.C., optando por conservá-lo em seu palácio em vez de colocá-lo num templo com os outros espólios. A tradição posterior registra que o véu tornou-se a relíquia mais preciosa da Grande Igreja de Constantinopla, sendo colocado num invólucro de ouro e prata e suspenso sobre o altar.[36]

Urdido com os quatro elementos, o véu que ocultava a Glória de Deus representava a matéria, a substância da criação visível. Um tecido exatamente como aquele era utilizado na veste exterior do sumo sacerdote, que o utilizava no pátio do templo, mas não no santo dos santos, onde ele se revestia do linho branco dos anjos. A vestimenta colorida, portanto, estava associada ao papel desempenhado pelo sumo sacerdote na criação visível; e, embora as Escrituras hebraicas nada digam a respeito das vestes do sumo sacerdote, Fílon e Josefo revelam que a vestimenta exterior representava o mundo criado.[37] O Livro da Sabedoria de Salomão, que talvez anteceda em um século tanto Fílon quanto Josefo, diz apenas que, "sobre o manto de Aarão, estava representado o mundo inteiro" (Sabedoria 18,24). Por conseguinte, o sumo sacerdote era um anjo que emergira desde o santo dos santos até a criação visível e que se revestira da substância da criação. Quando atuava na criação visível, também ostentava o

---

[35] Mishná *Shekalim* 8,4-5 (ver nota 11).
[36] Há disso um relato no *Livro do Peregrino de Antônio de Novgorod*, escrito no século XIII. Desconheço, porém, tradução em língua inglesa.
[37] Josefo, *Antiquities* 3,184; Fílon, *Special Laws* 1,95-96; trad. Loeb Classical Library.

Santo Nome em sua fronte porque representava o Senhor dos exércitos habitando com seu povo. "Bendito o que vem com o Nome do Senhor" deve ter sido a aclamação dirigida ao sumo sacerdote.

O véu e a veste produzidos com tecido idêntico são a chave para entender tanto o papel do sumo sacerdote quanto o contexto do templo por trás do conceito de Encarnação. Vestido, o sumo sacerdote no templo era a Glória do Senhor oculta na matéria. É por isso que lemos acerca de Simão, que foi sumo sacerdote mais ou menos no ano 200 a.C.: "O quão glorioso era ao sair da casa do véu (...), como a estrela-d'alva no meio das nuvens, (...) revestia de glória o pátio do santuário" (Eclesiástico 50,5-6.11). Alhures, essa seria identificada como a linguagem da teofania. Hecateu, escrevendo em cerca de 300 a.C., descreveu o sumo sacerdote judeu como um anjo, e quando falava os judeus se lançavam imediatamente ao chão e se punham a adorá-lo.[38]

A encarnação representada pelo véu estava implícita nos autores evangélicos, que vincularam a morte de Jesus à rasgadura do véu do templo, e a Carta aos Hebreus, escrita para uma comunidade cristã primitiva, menciona "o caminho novo e vivo que ele nos abriu através da cortina, isto é, através de sua carne" (Hebreus 10,20). O autor não explica o que quer dizer com isso, e, portanto, devemos presumir que os destinatários da carta já sabiam o que o véu representava. O mundo do templo era o mundo dos cristãos primitivos. (O que melhor nos comunica o simbolismo do véu e da encarnação é a canção natalina de Charles Wesley: *Veiled in flesh the Godhead see / Hail the Incarnate deity*.) A associação do véu com a encarnação é exposta de

---

[38] Teofrasto, em Diodoro Sículo, *Bibliotheca Historica* XI, 3,5-6.

maneira mais detalhada no *Evangelho da Infância de Tiago*,[39] texto cristão primitivo que descreve Maria como uma das jovens escolhidas para urdir o novo véu do templo. Para que fiasse, foi-lhe dada a lã púrpura e vermelha, e à medida que ela trabalhava o anjo se lhe dirigiu. Portanto, vinha fabricando o novo véu do templo enquanto estava grávida. (O anjo falando a Maria enquanto ela fiava tornou-se o ícone da Anunciação.) É possível que essa não passasse de uma lenda primitiva, que vinculava a encarnação ao véu; todavia, uma vez que Herodes estava restaurando o templo àquela época, é perfeitamente possível que Maria fosse uma das tecelãs do templo a trabalhar no véu novo.

A relação da encarnação com as vestes sacerdotais não é mencionada na Carta aos Hebreus e só se encontra implícita em outros textos. No entanto, São Simeão de Tessalônica (morto em 1429) conhecia esse significado: "O sacerdote que sai do santuário e desce para a nave representa a descida de Cristo do céu e sua humildade. As vestes sacerdotais que ele ostenta significam a encarnação".[40]

João, no prólogo a seu Evangelho, escreveu como o Verbo veio do "princípio" e se fez carne. Lucas descreveu a Ascensão como o momento em que o grande sumo sacerdote regressou ao santo dos santos. Ele abençoou os discípulos e foi arrebatado ao céu. Uma nuvem o ocultou aos olhos deles. Essas são imagens que vêm do templo – o sumo sacerdote que adentra o santo dos santos rodeado de incenso. A Ascensão foi o momento em que o Senhor, de

---

[39] Texto em M. R. James, *The Apocryphal New Testament*. Oxford, Clarendon Press, 1924.

[40] São Simeão, *On Prayer* 41; trad. H. N. L. Simmons. Brookline, Massachusetts, Hellenic College Press, 1984.

um tempo e local determinados na criação visível, retornou ao santo dos santos, o eterno presente localizado além do véu.

Reconstruir o templo dessa maneira e aplicar os resultados dessa reconstrução aos textos bíblicos não será jamais uma ciência exata. Porém, à medida que as peças se vão encaixando e a imagem começa a surgir, a tarefa se torna mais fácil e os resultados, mais animadores:

> Nenhuma mente criada terá a capacidade de entender tudo de modo algum. Entretanto, tão logo tenha encontrado um pequenino fragmento do que está a buscar, encontra novamente outras coisas que devem ser buscadas; e, se por sua vez acaba por conhecê-las, de novo verá surgir, delas, muitas outras coisas que exigem investigação.[41]

---

[41] Orígenes, *On First Principles*; trad. G. W. Butterworth. London, SPCK, 1936.

Capítulo II

ALIANÇA

No relato que Mateus traz da Última Ceia, encontramos as seguintes palavras: "Isto é meu sangue, o sangue da aliança, derramado por muitos pela remissão dos pecados" (Mateus 26,28). Esse é o modo como se encontram as palavras nos papiros do século III e nos códices do Sinai e do Vaticano, datados do século IV. "O sangue da *nova* aliança" é o que se pode ler nos códices, um pouco posteriores, de Alexandria e de Beza. As palavras de Marcos são diferentes: "Isto é meu sangue, o sangue da aliança, derramado por muitos" (Marcos 14,24), e aqui a palavra *nova* pode ser encontrada no códice de Alexandria, mas não nos textos mais antigos. Em Lucas, as palavras fazem suscitar um problema considerável, uma vez que o sangue da aliança não é jamais mencionado no texto ocidental. O relato de Paulo em 1 Coríntios 11,25 é a única passagem em que se pode ter certeza da presença de "nova aliança" no relato da Última Ceia. (A expressão também aparece em Hebreus 9,15.) Tudo isso é importante, uma vez que "nova" e "aliança" muitas vezes são tidas por inseparáveis no pensamento cristão. Deve ter existido um grande número de cristãos primitivos para os quais a Última Ceia não dizia respeito a uma nova aliança, mas somente à aliança. E a pergunta é: que aliança é essa?

Mateus, do qual geralmente se diz ser o Evangelho escrito para os cristãos hebreus, refletindo, portanto, seus interesses, também traz as palavras "para a remissão dos pecados". Talvez se trate de uma definição ulterior da aliança, definição necessária a uma comunidade hebraica que conhecera alianças diversas. A aliança em questão era aquela que dizia respeito à remissão dos pecados.

- A primeira aliança mencionada no Antigo Testamento foi aquela com Noé, "a eterna aliança entre Deus e toda criatura viva, de toda espécie, sobre a terra" (Gênesis 9,16). A criação estaria segura e jamais viria a ser destruída por qualquer dilúvio. *Esta aliança não menciona a remissão dos pecados.*
- A segunda aliança foi aquela com Abraão e consistiu na promessa de herdeiros e terra (Gênesis 15,18-21). *Mais uma vez, não há menção à remissão dos pecados.*
- A terceira foi a do Sinai, ocasião em que Israel se responsabilizou pela guarda dos dez mandamentos. E, embora *não houvesse referência ao pecado naquele relato*, encontrava-se ali a expressão "sangue da aliança" (Êxodo 24,8).
- A quarta aliança se deu com a casa real: seu trono e seu reino se firmariam para sempre (2 Samuel 7,12). *Sem menção à remissão dos pecados.*
- Jeremias ansiou por uma nova aliança – não como aquela do Sinai, e sim uma aliança gravada no coração. Aqui, *há referência ao perdão dos pecados* (Jeremias 31,34). Seguem-se então, em Jeremias, dois enunciados que se iniciam com "Assim diz o Senhor", e o compilador do pergaminho de Jeremias julgou conveniente incluir nesse momento dois oráculos que não se baseavam na aliança do Sinai, mas na aliança com Noé, isto é, a "eterna aliança". A segurança de

Israel era parte da ordem fixa da criação, e somente se esta fosse destruída é que Israel deixaria de existir.

"Eterna aliança" talvez não seja a melhor forma de traduzir *bᵉrit 'olam*. O dicionário hebraico apresenta dois sentidos para as consoantes traduzidas como "eterna": podem significar antiga, perpétua, futuro remoto e eternidade; ou, ainda escondida, secreta. Na realidade, não se deveriam distinguir ambos os sentidos, uma vez que, no mundo do templo, o local oculto e secreto era o estado eterno e fora do tempo, e, portanto, essa aliança eterna estaria vinculada ao santo dos santos. Isso explica por que a eterna aliança foi também descrita como a "aliança da paz", *šalom*, outra palavra associada ao estado que se experimenta além do véu. As consoantes de *šalom*, cujos diacríticos variam, significam completo, sólido, seguro, restaurado e bom, incluindo aí a ideia do juízo que se faz necessário para que tudo isso se concretize. O verbo correspondente pode significar "retribuir".

Uma história acerca de Fineias, neto de Aarão, esclarecerá como essa aliança era compreendida. Um homem de Israel se casou com uma mulher de Midiã numa época em que coisas do gênero eram proibidas. Tratava-se de uma flagrante violação da lei da aliança, e Israel corria perigo porque a aliança fora quebrada. Veio o flagelo, e o povo "chorava à entrada da tenda da reunião" (Números 25,6). Diante do modo como essa história foi contada, concluímos que a aliança era encarada como uma proteção a Israel, e qualquer violação a ela expunha o povo ao perigo, por vezes descrito como "ira". Quando o sumo sacerdote Fineias tomou sua lança e matou o casal ofensor, o flagelo teve fim. Graças à atitude de proteger a aliança, o Senhor concedeu a Fineias e seus descendentes "minha aliança de *šalom*, (...) a aliança do sacerdócio da eternidade [ou a aliança do sacerdócio eterno], pois ele (...) fez expiação pelo povo de Israel" (Números 25,12-13, em tradução nossa). A aliança de paz, por conseguinte, estava exclusivamente vinculada ao sumo sacerdócio e exigia que se expiasse qualquer violação da aliança que colocasse o povo em perigo. Essa aliança sumo sacerdotal deve ter sido a aliança da Última Ceia, uma vez que lidava com a supressão dos pecados (sentido literal da palavra traduzida como "remissão" no relato de Mateus). Foi ela a aliança restaurada mediante um ato de expiação, outro tema importante do Novo Testamento que não possui vínculo com nenhuma das alianças "históricas" do Antigo Testamento.

A aliança sacerdotal tem sido bastante negligenciada em nossas leituras do Antigo Testamento, sendo ofuscada pelas alianças históricas de Noé, Abraão, Moisés e Davi.[1] Também seria verdadeiro dizer que a teologia sacerdotal recebeu pouca atenção em virtude do foco dado ao Deuteronômio. O pressuposto de que o Deuteronômio foi a "norma" levou a uma série de distorções em nossa percepção e apresentação do Antigo Testamento, que possui duas "teologias" distintas. Há a teologia do templo, que diz respeito tanto à Sabedoria quanto à estrutura e à harmonia da criação, e a teologia deuteronômica, que se concentra na figura de Moisés e na história de Israel como povo escolhido. *Foi a teologia deuteronômica aquela que acabou por dominar a visão popular da teologia do Antigo Testamento.* O fato de a vertente deuteronômica não possuir uma teologia da criação e não dar espaço nem à expiação, nem aos reis ungidos da casa de Davi, nem aos profetas (exceto na medida em que estivessem de acordo

---

[1] Para um estudo detalhado da eterna aliança, ver Robert Murray, *The Cosmic Covenant*. London, Sheed & Ward, 1992.

com Moisés), nem à tradição da Sabedoria curiosamente não foi encarado como problema. A Sabedoria acabou delegada à periferia e o apocalíptico, ao apêndice – um declínio posterior que, sugeriu-se, ocorreu por influência estrangeira.

A teologia sacerdotal via o padrão da história como um todo, revelado no santo dos santos como passado, presente e futuro. Foram os deuteronomistas que fizeram da "história" uma interpretação dos acontecimentos *passados*, foram eles que colocaram Moisés no centro de seu esboço e, aos poucos, atribuíram a ele as tradições reais do templo. Foram os deuteronomistas que interditaram os segredos do santo dos santos – e, por conseguinte, careceram de uma teologia da criação (Dt 29,29). Eles fundamentavam sua religião na criação material visível. "Então o Senhor falou desde o meio do fogo. Ouvistes o som das palavras, mas não vistes forma: havia tão somente voz. E ele deu a conhecer a aliança e ordenou que a observásseis: os dez mandamentos, que escreveu em tábuas de pedra" (Dt 4,12-13). Os deuteronomistas converteram a aliança mosaica em pedra angular de seu sistema. Um longo debate tem sido travado sobre a forma e a estirpe do estilo deuteronômico de aliança, sobre se ele reflete alguma forma de tratado político e, caso reflita, qual seria. Porventura a aliança teria sido um acordo rigorosamente político entre o Senhor e Israel? Essa forma de aliança teria sequer sido conhecida antes do século VII, quando os deuteronomistas se tornaram influentes no reino do sul? E, a propósito, de onde eles vieram? Todas essas questões foram levantadas – e por uma boa razão. Todavia, jamais se lhes formulou resposta satisfatória.

Muitos são os indícios a sugerir que houve uma revolução teológica e literária entre o primeiro e o segundo templos e que aquilo por nós compreendido como o "Antigo Testamento" inclui uma substancial reformulação dos elementos do primeiro templo. A importância que isso tem para os cristãos jaz no fato de que as raízes do cristianismo vêm das tradições do primeiro templo, e por isso temos de recuperar o que há por trás desses elementos reformulados.

A ANTIGA FÉ

Às alianças "históricas" registradas no Antigo Testamento subjaz a eterna aliança, e é possível perceber como até mesmo esta veio a ser historicizada à medida que as tradições antigas adquiriam sua forma conhecida sob a influência dos deuteronomistas, nos primeiros anos do segundo templo. Os elementos sacerdotais da história de Noé descreviam como Deus firmou com ele sua eterna aliança, a qual garantia para sempre a estabilidade da criação. Como consequência, o ministério sacerdotal da expiação não mais se faria necessário para conservar a estabilidade e a harmonia da criação. Esses mesmos sacerdotes do segundo templo escreveram o capítulo primeiro do Gênesis e silenciaram acerca dos anjos do Dia Um. Eles converteram os mitos do templo em história, e assim os mitos perderam seu poder. O primeiro capítulo do Gênesis aconteceu há muito tempo, Adão e Eva eram mera história, etc. As tradições do templo preservadas nos livros de Enoque, porém, veem os construtores do segundo templo como apóstatas impuros e contam a história de seu povo sem mencionar Moisés e o Êxodo.[2] O *Documento de Damasco*, texto-chave

---

[2] *Apocalipse das Semanas*.

entre os Manuscritos do Mar Morto, descreve todo o período do segundo templo como "o tempo da ira".[3] Uma vez que a ira era o resultado da violação da aliança, esse deve ter sido o tempo da aliança violada; os grupos que buscavam a nova aliança poderiam muito bem estar buscando a aliança renovada, a restauração da antiga fé.

Algumas palavras-chave do velho sistema receberam novo sentido nas mãos dos deuteronomistas. "Apegar" (*dbq*) em geral significa "unir-se": "a lepra de Naamá se apegará a ti" (2 Reis 5,27); "meus ossos se apegarão à minha carne" (Salmos 102,5); "que minha língua se apegue ao céu da minha boca se eu me esquecer de ti" (Salmos 137,6). Apegar-se ao Senhor deve ter significado algo semelhante, mas para os deuteronomistas a palavra significava obediência, e não união. "Seguireis o Senhor, vosso Deus, e o temereis; observareis seus mandamentos e obedecereis sua voz, e vós o servireis e vos apegareis a ele" (Deuteronômio 13,4). Todavia, dificilmente alguém dirá que o apego de Adão a sua esposa consistiria numa obediência absoluta de sua parte. "Apegar" não é senão um dos exemplos de como os deuteronomistas atribuíam sentido próprio a termos teológicos fundamentais. Na tradição mística posterior, cujas raízes estavam no antigo templo, "apegar-se" foi compreendido como uma união mística, e o rabino Akiva (fl. 120-140 d.C.) insistiu em que essa era a forma como a palavra devia ser entendida. "Apegai-vos ao Senhor, vosso Deus – apegai-vos, literalmente."[4]

---

[3] Em Geza Vermes, *The Complete Dead Sea Scrolls in English*. London, Penguin, 1997.
[4] Talmude babilônico *Sanhedrin*, 64a, citado em M. Idel, *Kabbalah. New Perspectives*. New Haven e London, Yale, 1988, p. 38 e nota.

Trata-se, aqui, da unidade do santo dos santos, mas os deuteronomistas deram à palavra uma adaptação secular própria.

"Lembrar" é outra palavra característica dos deuteronomistas; era a lembrança de sua história comum o que unia Israel como povo eleito e lhes conferia seu modo de vida peculiar. "Lembra-te do que causou Amalec" (Deuteronômio 25,17). A distinção entre as duas teologias pode ser esclarecida a partir das duas versões do quarto mandamento: observar o sábado porque "em seis dias fez o Senhor o céu e a terra (...), repousando no sétimo" (Êxodo 20,11); e observá-lo porque "te lembras de que foste escravo na terra do Egito, e também a teus servos se deve dar um dia de repouso" (Deuteronômio 5,14-15). A primeira recorre à ordem natural das coisas, a uma vida conduzida em harmonia com o modelo da criação, enquanto a outra se volta para a história. Essas são as duas vertentes da teologia do Antigo Testamento. Ora, as consoantes da palavra-chave "lembrar" (*zkr*) também podem ser traduzidas como "invocar", a qual é uma atividade sacerdotal, do templo. Isso deu origem a ambiguidades interessantes – por exemplo, quando o Senhor revelou seu nome a Moisés na sarça ardente. A Moisés foi dito: "Assim devo ser lembrado de geração em geração" (Êxodo 3,15) ou "Assim devo ser invocado de geração em geração". O hebraico comporta ambos os sentidos. Segundo o cronista, a música dos levitas tinha por objetivo invocar o Senhor (1 Crônicas 16,4), enquanto não há menção a música por parte dos deuteronomistas. Os deuteronomistas recordavam o Senhor, ao passo que os sacerdotes invocavam a presença. Caso Jesus tenha se valido do hebraico ou do aramaico na Última Ceia, as palavras "Fazei isto em memória de mim" terão carregado a mesma ambiguidade. Ele também pode ter querido dizer: "Fazei isto para me invocar".

A ETERNA ALIANÇA

A aliança da eternidade, a aliança sacerdotal que acabou ofuscada pela forma mosaica e mais política, era o elo que mantinha a ordem criada no lugar. Há um retrato vívido dessa aliança – embora quando violada – em Isaías 24.

> A terra jaz em prantos e esmorece,
> o mundo definha e esmorece,
> os céus definham com a terra.
> O solo foi profanado
> por seus habitantes;
> pois transgrediram as leis,
> violaram os estatutos,
> romperam a eterna aliança.
> Por isso, a maldição devora a terra
> e seus habitantes padecem sua culpa;
> os habitantes da terra são consumidos
> e poucos homens sobrevivem (Isaías 24,4-6).

A aliança sacerdotal se manifesta nas leis e nos estatutos; e, quando estes são violados, a terra murcha e a criação entra em colapso. O deuteronomista também se manifestou acerca dos estatutos e ordenanças, mas, quando eram violados, Israel perdia a posse – a palavra-chave – da terra (em Deuteronômio 4,1, por exemplo).

"Estatutos" é palavra interessante. Literalmente, significa "algo inscrito", ḥwq, e, portanto, "violaram os estatutos" quer dizer que "eles ultrapassaram a inscrição". Os elementos inscritos eram os planos divinos no santo dos santos, "anteriores" à criação tridimensional visível. Provérbios 8,27-29 traz a descrição, por parte da Sabedoria, da sequência da criação, uma vez que ela estivera no princípio, no santo dos santos, ao lado do Criador. Noutras palavras, tratava-se de uma visão como aquela do primeiro capítulo do Gênesis, salvo o fato de a Sabedoria revelar detalhes do Dia Um que o Gênesis não traz. A Sabedoria estivera ao lado do Criador quando ele *inscreveu* um círculo na face do abismo,[5] quando *inscreveu* os marcos do mar, (...) quando *inscreveu* as fundações da terra. Tudo isso aconteceu antes de moldadas as montanhas e formada a terra, de modo que a *inscrição* precedia ou subjazia ao mundo material. Jeremias tinha ciência de que o mar possuía uma *inscrição da eternidade* que ele não poderia violar (Jeremias 5,22), assim como sabia que havia *inscrições* feitas à lua e às estrelas (Jeremias 31,35-36). Tudo possuía seu lugar inscrito e seu limite. A vida humana era definida: "Deste-lhe sua inscrição e ele não pode ultrapassá-la", disse Jó (Jó 14,5, em tradução minha); "Ele está na Unidade, e quem o fará voltar atrás? (...) ele completará [tradução para *šalom*] o que está inscrito para mim, e muitas coisas como essa estão com ele" (Jó 23,13-14, em tradução literal). As leis externas da sociedade humana também foram inscritas, assim como o curso da história do homem e o calendário. Literalmente, as conhecidas palavras do Salmo 2 dizem: "Anunciarei *minha inscrição* (ou, ainda, a inscrição). Disse-me o Senhor: Tu és meu filho, eu hoje te gerei" (Salmos 2,7, em tradução literal). Segundo Clemente de Alexandria, o gnóstico Teódoto declarava que o esboço do Filho fora traçado no princípio[6] – clara referência a esse estado da existência que precedia a solidez e a matéria. Uma reminiscência

---

[5] Retornaremos a este tema no quarto Capítulo IV.
[6] *Excerpts* 19, em *Excerpts from Theodotus*, trad. R. P. Casey em *Studies and Documents*, 1. London, Christophers, 1934.

do templo no Talmude de Jerusalém diz que Salomão desenhou reproduções de toda sorte de árvores no templo e que essas imagens também produziram frutos quando as árvores do lado de fora o fizeram.[7] Segundo *3 Enoque* 39,1-2, havia no trono da Glória a inscrição de nomes; então, quando estes se desprendiam, tornavam-se anjos. Um *targum* palestino registra que a imagem de Jacó adormecido em Betel fora inscrita no trono acima (*Jônatas GN* 28,12; e também *Gênesis Rabbah* LXVIII,12).[8]

Essas inscrições eram conhecidas como *surot*, palavra que não tentarei traduzir. O termo é empregado nos hinos de Qumran para descrever os seres celestes no santo dos santos: "*surot* dos '*elohim* (deuses) vivos, *surot* dos espíritos luminosos, gravações dos *surot* dos '*elohim*..." (4Q405).[9] A palavra *surot*, que se encontra no plural, só aparece em textos pós-bíblicos, mas a forma singular *sur* figura ao longo de todo o Antigo Testamento, onde é traduzida como "Rochedo" – palavra que traz as mesmas consoantes. Por vezes, "rochedo" é tradução adequada, mas há muitas ocasiões em que a expressão não surge na tradução grega das Escrituras hebraicas, de modo que o tradutor bilíngue provavelmente sabia que, naqueles contextos, o termo tinha significado distinto. Por conseguinte, em Isaías 30,29, "Rochedo de Israel" tornou-se, em grego, "Deus de Israel"; ou ainda, em Isaías 44,8,

---

[7] Atribuído ao rabino Aha bar Isaac no Talmude de Jerusalém *Yoma* 4,4; trad. J. Neusner, *The Talmud of the Land of Israel*. Chicago e London, University of Chicago Press, 1989-.

[8] *3 Enoque*; trad. J. H. Charlesworth (org.), *The Old Testament Pseudepigrapha*. London, Darton, Longman & Todd, 1983-85, vol. 1; *Targum pseudo-Jonatã do Gênesis*, trad. Michael Maher. Edinburgh, T&T Clark, 1992; *Gênesis Rabá*, trad. Harry Freedman, *Midrash Rabá*. London, Soncino Press, 1939.

[9] Traduzido por Geza Vermes (ver nota 3).

"Porventura há outro Deus além de mim? Não há Rochedo. Desconheço qualquer outro" tornou-se, na versão, grega "Não há Deus além de mim". Isso quer dizer que o célebre "Rochedo das gerações" (Isaías 26,4) – em grego, "o grande e eterno Deus" – provavelmente seria "o ṣur do santo dos santos".

Os segredos do Dia Um, inexistentes no Gênesis, traziam a descrição de tudo o que foi criado naquele estágio. Havia os anjos dos fenômenos meteorológicos e das estações, por exemplo, mas também "Todos os espíritos das criaturas suas que se encontram no céu e na terra".[10] É provável que se tratasse das coisas inscritas, dos ṣurot de todas as coisas vivas encontrados no santo dos santos. Aqueles que violaram a eterna aliança haviam deixado a lei para trás, haviam rompido e destruído o que fora inscrito no santo dos santos. "Assim na terra como no céu" seria uma boa descrição da criação tal qual em seu desígnio original, mas os pecadores fizeram ruir a aliança e, com ela, a criação.

Gostaria de reproduzir agora duas passagens de um estudioso do islamismo chamado William Chittick. Ele descreve um sistema no pensamento muçulmano que é exatamente igual e emprega palavras semelhantes. Também eles possuem o conceito de "unidade do ser" ou "unidade da existência", reconhecendo que tudo na criação goza de seu *ḥaqq*, seu lugar verdadeiro e próprio. Escreveu ele:

> Deus, que é o *Ḥaqq* Absoluto, deu a cada coisa no universo uma criação e uma orientação, e a criação e orientação dessa coisa são seu *ḥaqq* porque a vinculam ao Primeiro *Ḥaqq*. A "criação" de algo pode

---

[10] *Jubileus* 2,2; trad. Charlesworth, vol. 2 (ver nota 8).

ser entendida como sua realidade propriamente dita e sua "orientação", como o caminho que ele tem de seguir para lograr a plenitude daquilo que deve vir a ser. Noutras palavras, "criação" diz respeito ao fato de que cada coisa veio de Deus, enquanto "orientação" refere-se ao fato de que Deus deu a elas um caminho que seguem ao retornar para seu Criador.

O *Ḥaqq* absoluto é o próprio Deus, base para todo outro *ḥaqq*.

O Corão diz: "Aonde quer vos volteis, ali está a face de Deus" (2,115). O objetivo do *taḥqiq* é ver a face de Deus aonde quer que nos voltemos, em cada criatura e em nós mesmos, agindo então segundo o *ḥaqq* da face de Deus. Se compreendermos algo no universo sem levar a Divina Face em consideração, teremos ignorado o *ḥaqq* desse algo. Ao perdermos de vista o *ḥaqq* de algo, perdemos Deus de vista, e ao perder Deus de vista nós perdemos de vista a declaração da unicidade de Deus (*tawhid*).[11]

"NELE TODAS AS COISAS TÊM SUA CONSISTÊNCIA"

Voltando agora ao tema do templo e à eterna aliança enraizada no santo dos santos, há uma relação interessante e ambígua entre o santo dos santos em que as coisas estavam inscritas e a

---

[11] W. C. Chittick, "Time Space and the Objectivity of Ethical Norms; The Teaching of Ibn al-'Arabi", *Islamic Studies* 39, 4, 2000, p. 581-96, em especial p. 584-85.

Segunda Pessoa, para usarmos uma terminologia cristã por um instante. (Isso não é nada inadequado no contexto do Antigo Testamento, como hei de demonstrar no capítulo seguinte.) O Local santíssimo e a Pessoa santíssima desempenhavam papel semelhante – ambos sendo, por exemplo, velados pelo tecido que representava a matéria. Considere-se o prólogo ao Evangelho de João: "No princípio era o Verbo [isto é, o Logos que é a Segunda Pessoa da Trindade] (...). Nele estava a vida, e a vida era a luz dos homens" (João 1,1.4). O Logos, aqui, é o receptáculo que contém toda a vida, do mesmo modo que o santo dos santos a continha. Considere-se também Colossenses 1: "Ele é (...) o primogênito de toda a criação; pois *nele todas as coisas foram criadas* nos céus e na terra, as visíveis e invisíveis" – e segue-se uma lista de potências celestes, aparentemente equivalentes aos anjos do Dia Um. "Ele existe antes de todas as coisas, e *nele todas as coisas têm sua consistência*" (Colossenses 1,15-17; grifos nossos). Aqui, o Primogênito é o estado em que toda vida se origina. Ele é anterior a tudo, e "nele todas as coisas têm sua consistência". O Primogênito, portanto, é o elo da criação, o elo da Unidade, e essa Unidade é a Unidade do Dia Um. Desse modo, temos o Logos no mundo e o mundo no Logos. Estamos em Cristo (Romanos 12,5) e Cristo está em nós (Romanos 8,10). O sermão de Pedro no pórtico de Salomão descreveu Jesus como Autor da Vida (Atos dos Apóstolos 3,15).

Passemos agora a esses elos da criação que constituíam a Eterna aliança e o selo que os protegia. "Nele todas as coisas têm sua consistência."

Em primeiro lugar, devemos nos voltar para as palavras hebraicas que o capítulo primeiro do Gênesis utiliza para descrever o processo da criação. "No princípio, Deus criou os céus e a terra." "Criou" – *bara'* – é um verbo só utilizado em caso de atividade divina, e aqui em Gênesis 1 trata-se da atividade divina no santo dos santos, aquele estado que precede ou subjaz à criação visível. Esse verbo raramente é encontrado fora dos textos sacerdotais do Pentateuco e do Segundo Isaías. A atividade divina produziu o céu e a terra (Gênesis 1,1), os monstros marinhos (Gênesis 1,21), o exército celeste (Isaías 40,26), a retidão (Isaías 45,8), coisas novas e ocultas (Isaías 48,6), novos céus e nova terra (Isaías 65,17). Produziu também o querubim ungido que é descrito em Ezequiel 28 (Ezequiel 28,13.15). Portanto, eram vários os tipos de atividade criativa no primeiro capítulo do Gênesis; havia o *bara'* exclusivamente divino, o "separar" (Deus separou as águas [Gênesis 1,7]) e o "fazer" (Deus fez os animais selvagens da terra [Gênesis 1,25]). A criação visível, excetuados os seres humanos e as criaturas do mar, *não resultou da atividade exclusivamente divina*.

A palavra *bara'* é semelhante, em sonoridade e forma, à palavra para aliança, *b*ʿ*rith*, e o dicionário hebraico sugere que o sentido primeiro de "aliança" é "atar". Essa semelhança entre a palavra que designa aliança-e-atar e a palavra que designa a atividade criativa exclusivamente divina me leva a suspeitar de que a chave para a antiga história da criação está em que ambos os termos estiveram relacionados. A criação, no santo dos santos, consistia no processo de estabelecer laços, inscrever limites e definições, usando-os em seguida para ordenar a criação visível. Quando se dirigiu a Jó desde o meio da tempestade e recordou--lhe de que ele não possuía a sabedoria dos que testemunharam a criação, o Senhor lhe disse: "Quem encerrou o mar (...), quando lhe tracei limites [minha "coisa inscrita"] (...) e falei: 'Chegarás até aqui, não irás além (...)?'" (Jó 38,8-11). "És tu que atas os laços das Plêiades, ou desatas as cordas do Órion?" (Jó 38,31). "Conheces as leis ["coisas inscritas"] do céu? Podes regular seu domínio [*mštr*] sobre a terra?" (Jó 38,33) – palavra esta que não figura alhures nas Escrituras hebraicas. Isso é relevante; ela claramente se refere à correspondência entre a terra e o céu e possui a mesma raiz de uma palavra que diz respeito à escrita e aos escribas subordinados. Há muitos exemplos semelhantes do Criador definindo e refreando as forças do mundo natural.

A aliança também refreava e atava reis e governantes. O Salmo 2 descreve os reis e governantes da terra tramando contra o Senhor e seu Messias, a fim de se libertarem de seus grilhões (a palavra sugere aprisionamento) e cordões (termo que sugere algo entretecido). O Senhor e seu Messias devem ter conservado tanto a ordem natural quanto a ordem social mediante grilhões e urdiduras, isto é, mediante a eterna aliança. O rabino Neḥuniah, místico do templo dos primórdios do século II d.C., contemplou em suas visões os grilhões mesmos da aliança, "os mistérios e os segredos, os laços e as maravilhas, (...) a tecedura da teia que completa o mundo".[12]

O retrato mais completo da aliança eterna encontra-se na literatura de Enoque, que preserva fragmentos de certo poema a respeito do grande juramento que une a criação:

> Eis os segredos deste juramento:
> Suspendeu-se o céu antes da criação do mundo e para sempre.
> E, por meio dele, fundou-se a terra sob as águas. (...)

---

[12] *Henkhalot Rabbati* 201. Material semelhante encontra-se traduzido em Peter Schäfer, *The Hidden and Manifest God: Some Major Themes in Early Jewish Mysticism*. Albany, NY, State University of New York Press, 1992, p. 12.

> Desde a criação do mundo até a eternidade.
> E por meio deste juramento foi criado o mar, e pôs ele a areia contra o período de ira,
> E ela não se lhe irá além desde a criação do mundo até a eternidade.
> E por meio deste juramento os abismos se fizeram fortes (...).
> E por meio deste juramento o sol e a lua completam seu curso (...).
> E por meio deste juramento as estrelas completam seu curso (*1 Enoque* 69,16 ss).[13]

O grande juramento também unia os espíritos das águas e dos ventos, a voz do trovão e a luz do relâmpago, bem como vários fenômenos meteorológicos. Noutros textos, todos estes são listados como aquilo que foi criado no Dia Um.

Essa seção do *Livro de Enoque* não foi devidamente preservada, mas o contexto do poema é o modo como os anjos decaídos corromperam a criação, a força do grande juramento e a forma como ele fora violado. A história parece consistir em que eles de fato conseguiram corromper a criação visível, sem porém serem capazes de corromper e destruir a unidade invisível, uma vez que não possuíam o Nome.

O ABUSO DO CONHECIMENTO

Os anjos decaídos haviam revelado os segredos da criação aos mortais sobre a terra, mas não foram capazes de aprender o Nome secreto, selo e elo da Unidade. Antes de nos voltarmos

---

[13] Trad. Charlesworth, vol. 1 (ver nota 8).

para o Nome e sua importância, continuemos com o que Enoque diz a respeito dos anjos decaídos e do conhecimento por eles revelado. Isso nos é descrito com mais clareza em segmento anterior de *1 Enoque*. O conteúdo dos capítulos 6-8 é o mais antigo do livro e nos revela como os anjos, liderados por Azazel, se uniram mediante um contrajuramento, desceram à terra, tomaram mulheres para si e geraram filhos. Em seguida, ensinaram-lhes a manejar metais para a fabricação de armas e joias, a preparar cosméticos e a "embelezar os olhos" (*1 Enoque* 8,1 – detalhe importante![14]), o que levou à fornicação e à corrupção. Ensinaram-lhes sortilégios, astrologia, medicina, os amuletos, a sabedoria e o aborto (*1 Enoque* 69,12, valendo-se também de Sincelo). Também lhes esclareceram a "alteração do mundo" (*1 Enoque* 8,1), o que os comentadores etíopes – língua que melhor preservou *1 Enoque* – interpretaram como a transformação de um ser humano em animal. Esta é uma observação interessante, dado se ter convencionado, nesses apocalipses, que os mortais sejam descritos como animais (bem conhecemos a parábola em que as ovelhas e as cabras representam a raça humana) e os anjos, como homens (estamos acostumados ao Filho do Homem, que no fundo significa tão somente o Homem). Um dos pecados dos homens decaídos parece ter sido o rebaixamento dos homens, que do estado angélico passou ao dos mortais.

Como resultado dos ensinamentos dos anjos decaídos – a violação das mulheres, a fabricação de armas, a medicina e o aborto, os cosméticos e as joias que levavam à fornicação e à

---

[14] Essa unção dos cílios pode ter sido a contrapartida perversa da verdadeira unção, que fazia abrir os olhos e consistia no dom da Sabedoria. Ver p. 92.

corrupção, a predição (isto é, a definição) do futuro e a redução dos homens à condição de mortalidade –, "surgiu grande iniquidade, (...) e, ao chorarem os homens, seu clamor chegou até os céus" (*1 Enoque* 8,2.4). Os quatro arcanjos baixaram seu olhar desde os céus, identificaram a situação da terra e ouviram as orações, as quais levaram até o Deus Altíssimo. Os quatro foram então enviados à terra para exortar Noé; atar o líder dos anjos decaídos e aprisioná-lo num poço aberto no deserto; e fomentar a guerra entre os filhos dos anjos decaídos, de modo que matassem uns aos outros. No dia do juízo, Azazel seria lançado ao fogo. Realizado o julgamento, o Senhor disse ao arcanjo Rafael (cujo nome significa "Deus curou"): "Cura a terra que os anjos corromperam (...) e cura a praga, para que os filhos dos homens não venham a perecer mediante tudo quanto os [anjos decaídos] revelaram e ensinaram a seus filhos" (*1 Enoque* 9,7). (Este é o resumo básico do Livro do Apocalipse.)

Segundo a tradição de Enoque, a aliança eterna fora violada como resultado do conhecimento corrompido. O conhecimento – ou melhor, a Sabedoria – transformava homens em anjos, mas o que caracterizava a Sabedoria era que ela unia todas as coisas. Foram o abuso do conhecimento e o poder que ele conferia o que destruiu a aliança eterna e fragmentou a criação.

Trago aqui umas palavras de um daqueles que testemunharam a explosão da primeira bomba atômica em julho de 1945, palavras estas que me pareceram, quando as li pela primeira vez, extraordinariamente adequadas ao tema de destruição dos elos da criação por parte daqueles que possuíam um grande conhecimento. Em seu relatório, o general Farrell mencionou "um rugido forte, prolongado e assombroso que advertia ao fim dos tempos e fazia parecer que nós, tão insignificantes, blasfemávamos por ousarmos mexer com forças reservadas, até então, apenas ao Todo-poderoso".[15]

Isaías sabia que a aliança fora violada em virtude do abuso do conhecimento. Quando escreveu que "eles transgrediram a lei, violaram os estatutos e destruíram a aliança perpétua", de modo que toda a criação então fenecia, o contexto de Isaías era o mundo governado pelos anjos decaídos. Os males que fariam descer o juízo sobre Jerusalém, segundo ele, eram os adivinhos e os agoureiros, a prata, o ouro e as armas de guerra (Isaías 2,6-7), os olhos e as bugigangas (Isaías 3,15-25). Não se trata de violações dos dez mandamentos, mas dos pecados dos anjos decaídos, descritos em Gênesis 6 como aqueles filhos de Deus que se uniam às filhas dos homens. Isaías 1,2.4 refere-se a esses anjos rebeldes:

> Filhos eu criei e eduquei,
> mas eles se rebelaram contra mim (...).
> Ai desta nação pecadora,
> povo carregado de iniquidade,
> raça de malfeitores,
> filhos corruptos!
> Abandonaram o Senhor,
> desprezaram o Santo de Israel
> e deram-lhe as costas.

A sociedade descrita por Isaías estivera sob a influência dos anjos perversos e violara a eterna aliança; como resultado, o povo

---

[15] Em Robert Jungk, *Brighter than a Thousand Suns: The Moral and Political History of the Atomic Scientists*. London, Victor Gollancz and Rupert Hart--Davis, 1958, p. 198.

se separou de Deus. Jeremias traçou retrato semelhante da relação entre o conhecimento e a destruição da criação.

> É insensato o meu povo (...),
> carece de conhecimento (...).
> Hábil é em fazer o mal,
> mas como praticar o bem desconhece.

Em seguida, descreveu como tudo o que fora estabelecido pelos elos da aliança havia sucumbido, e ele viu o estado anterior à criação:

> Pus o olhar sobre a terra, e tudo o que vi foi caos e vazio (...).

(Estas são as palavras empregadas no primeiro capítulo do Gênesis: o caos e o vazio sobre os quais o Espírito pairava a fim de produzir ordem e criação.)

> Pus o olhar sobre as montanhas, e todas estremeciam;
> e as colinas se moviam para a frente e para trás
> (Jeremias 4,22-23).

A criação não foi destruída pela ignorância, e sim por aqueles "hábeis em fazer o mal", isto é, pelo abuso do conhecimento.

Em Romanos 8, Paulo explicou o significado da violação da aliança pelos cristãos. Empregando palavras-chave do relato dos anjos decaídos – filhos de Deus, cativeiro da corrupção, liberdade gloriosa –, ele escreveu: "Todos os que são conduzidos pelo Espírito de Deus são filhos de Deus (...). A criação espera ansiosamente a revelação dos filhos de Deus; pois a criação foi submetida (...)" – e aqui Paulo emprega uma palavra interessante: *mataiótes*. A criação foi submetida à insensatez, à profanação, a caminhar para o nada, a carecer de propósito. Ele então continuou: "A criação mesma será libertada do cativeiro da corrupção e tomará parte na liberdade gloriosa dos filhos de Deus" (Romanos 8,14-21). Trata-se da renovação da criação, a qual dá a entender que os (novos) filhos de Deus não abusam do conhecimento da criação e não abandonam a unidade com o Criador.

Trago agora algumas palavras de um artigo do *The Guardian*, de 20 de novembro de 1999, em que John Berger descreveu o painel do "inferno" que compõe o *Tríptico Millenium* (O Jardim das Delícias Terrenas), de Hieronymus Bosch. Segundo ele, trata-se de

> uma estranha profecia da atmosfera mental que, ao final do século XX, foi imposta ao mundo pela globalização e pela nova ordem econômica. (...) Não há horizonte ali. Não há continuidade entre ações, não há pausas, não há estradas, não há padrões, não há passado, não há futuro. Tudo o que existe é o clamor do presente díspar e fragmentário. Há surpresas e sensações em toda parte, mas não há efeito. Tudo é interrompido. Há uma espécie de delírio espacial.

É este o "caminhar para lugar nenhum" de uma criação que jaz no cativeiro da corrupção, da aliança violada – um mundo em pedaços e afastado de Deus. A condição pós-moderna.

Se compreendermos à luz da tradição de Enoque esse retrato da criação livre do cativeiro da corrupção, entenderíamos como o reino de Deus veio a ser descrito segundo a criação restaurada de Enoque. Tendo, segundo Enoque, os arcanjos curado a terra, ela se "desenvolveria na retidão" – palavra associada, alhures, à aliança recuperada – e geraria colheitas enormes: uvas, olivas e grãos em quantidades miraculosas. Somente quando a terra fosse purgada da opressão, da iniquidade e da impureza – que são falhas humanas – é que sua fertilidade seria recuperada. Quando, ao final do século II, teceu seus comentários a Romanos 8, Irineu explicou que no reino de Deus seria restaurada essa miraculosa fecundidade da criação. Então, mencionou ensinamentos de Jesus que não foram registrados no Novo Testamento, mas antes transmitidos por João às igrejas da Ásia Menor, onde Irineu crescera. Jesus ensinara que toda uva e todo grão se multiplicariam em quantidades miraculosas, que todas as plantas floresceriam e todos os animais viveriam em paz entre si. Foi precisamente assim que a tradição de Enoque descreveu a criação restaurada, e João atribuiu esse ensinamento a Jesus. Tratava-se da recuperação da aliança eterna.[16]

Fora também essa a visão de Isaías. O lobo conviverá com o cordeiro; o leopardo, com a criança; tampouco haverá dor ou destruição quando a terra estiver repleta do conhecimento do Senhor. No contexto de Isaías, podemos interpretar isso como um contraste implícito com o conhecimento dos anjos decaídos, o qual trouxera dor e destruição e causara o colapso da aliança eterna. A visão que Isaías esboça da criação pacífica, como já é agora de se esperar, teve início com um retrato da transformação da mentalidade humana. Alguém foi ungido com o espírito do Senhor, o espírito da sabedoria, do entendimento, do conselho, do poder, do conhecimento e do temor ao Senhor. Esses dons do Espírito transformam a mentalidade do homem – "mudança de mentalidade" é o sentido literal da palavra grega para arrependimento: *metanoia*. Nos últimos anos, muito se falou sobre os

---

[16] Irineu, *Against Heresies* 5,32-3; trad. em *Ante-Nicene Fathers*. Grand Rapids, Eerdmans, 1979-1986, vol. 1.

dons do Espírito tais quais descritos por Paulo e Corinto; pouco, no entanto, foi dito acerca do efeito da transformação que o Espírito opera na mentalidade humana. A mentalidade transformada pelo Espírito vê com olhos ungidos e ouve com ouvidos ungidos, e assim julga com retidão e decide com justiça em favor dos mansos da terra. Esse é o dom da Sabedoria que reúne todas as coisas.[17]

Muitas são as indicações de que foi a corrupção do conhecimento o que levou ao pecado responsável por destruir a aliança. Assim, Malaquias, ao condenar o sacerdócio corrupto no início do período do segundo templo, fez com que recordassem seu ancestral Levi. "Minha aliança com ele foi um elo de vida e paz (...). Estava em sua boca a verdadeira instrução (...). Caminhou ao meu lado na paz e na justiça, e muitos afastou da iniquidade. Pois os lábios do sacerdote devem guardar o conhecimento, e os homens devem buscar da boca dele a instrução, uma vez que é mensageiro [anjo] do Senhor dos Exércitos. Vós, porém, vos desviastes do caminho e muitos tropeços causastes com vossa instrução. Violastes a aliança" (Malaquias 2,5-8). Ezequiel, que foi sacerdote no primeiro templo, descreveu como um querubim ungido, que caminhara entre os filhos do fogo, foi lançado para fora do Jardim do Éden. Esse querubim estivera revestido de pedras preciosas e ouro, e a descrição (na LXX) deixa claro que o querubim era o sumo sacerdote. Os pecados do querubim eram o orgulho e a corrupção da sabedoria; sua punição, tornar-se cinzas sobre a terra e morrer (Ezequiel 28,12-19).

Também se descreveu o sumo sacerdote querubínico e ungido como alguém "repleto de Sabedoria, perfeito em beleza",

---

[17] Retornaremos ao tema no Capítulo IV.

o "selo da proporção (*toknit*)" ou, talvez, "selo da perfeição (*tabnit*)" – as duas palavras hebraicas são muito semelhantes (Ezequiel 28,12). O papel do sumo sacerdote querubínico era preservar os laços da aliança. A misteriosa figura do Servo em Isaías tinha o mesmo papel; era ele mesmo a aliança. Em tradução literal, ele fora esboçado, era um *ṣur*, designado aliança do povo. Tem-se a impressão, aqui, de que uma letra foi retirada de expressão mais familiar, uma vez que a "aliança do povo" em língua hebraica só aparece mais uma vez em Isaías; com o acréscimo de uma letra, torna-se a "eterna aliança".[18] Os poemas que dizem respeito ao Servo em Isaías 42 e Isaías 49, então, dizem assim: "Fiz-te *ṣur* e designei-te aliança eterna e luz dos gentios, para que pudesses abrir os olhos dos cegos e libertar do cárcere os prisioneiros" (Isaías 42,6-7, em tradução nossa; Isaías 49,8-9 é semelhante). As célebres palavras da quarta canção do Servo em Isaías 52-53 – "Pesou sobre ele o castigo [*musar*, de *ysr*] que nos tornou completos, e por suas chagas fomos curados" – também poderiam ser lidas como "Pesou sobre ele [isto é, foi sua responsabilidade] o elo [*mosar*, de '*sr*] de nossa plenitude, e porque nos ungiu é que estamos curados" (Isaías 53,5).[19] O selo ou elo que conservava a aliança no lugar *era o Servo*, o sumo sacerdote querubínico, aquele que ostentava o Nome. Fora esse Nome o que os anjos decaídos tentaram obter, uma vez que lhes daria o poder de unir ou afrouxar os laços da aliança na terra e no céu.

---

[18] De modo que *bryt 'm* se torna *bryt 'lm*.

[19] O sentido primeiro da raiz *ḥbr* é "unir"; "chagas, feridas" é sentido relativamente raro; *ḥaburah/ḥoberet*, em Ex 26,10, etc., indica mecanismo que visa unir as cortinas do tabernáculo.

Justino, em meados do século II, sabia que os elos da criação haviam sido selados com uma cruz,[20] a qual era o velho sinal do Nome e, portanto, o sinal com que o sumo sacerdote era ungido na testa.

No *Livro dos Jubileus*, Isaac fez seus filhos jurarem pelo Nome – o maior dos juramentos – "que criou os céus, a terra e todas as coisas".[21] A Prece de Manassés revela como toda a criação foi reunida, e portanto criada, pelo grande Nome: "Tu, que criaste os céus e a terra, com toda a sua ordem; que acorrentaste o mar com tua palavra firme; que confinaste as profundezas e as selaste com teu Nome terrível e glorioso (...)".

> Quem é este, a quem até o vento e o mar obedecem? (Marcos 4,41).
>
> Ele existe antes de todas as coisas, e nele todas as coisas têm sua consistência (Colossenses 1,17).
>
> Reunir nele todas as coisas, as que estão nos céus e as que estão na terra (Efésios 1,10).

Nós iniciamos este capítulo com algumas das formas pelas quais os deuteronomistas se valeram de palavras e ideias antigas a fim de dar-lhes novo significado: lembrar o Senhor em vez de invocar o Senhor; apegar-se ao Senhor em sinal de obediência, e não de unidade; e a aliança como acordo ao qual a obediência seria recompensada com a posse da terra. A história do Jardim do Éden também foi retrabalhada segundo as novas disposições. O sumo sacerdote querubínico que abusara da Sabedoria se converteu no casal humano que desobedecera e tomara o

---

[20] Justino, *Apology* 1, 60; trad. em *Ante-Nicente Fathers*, vol. 1.
[21] *Jubileus* 36, 7; trad. Charlesworth, vol. 2 (ver nota 8).

conhecimento. Tanto o querubim quanto o casal foram expulsos do Jardim; tanto o querubim quanto o casal se tornaram mortais.

Se levarmos em consideração somente uma linha da teologia do Antigo Testamento, encontraremos grandes problemas para relacionar o Antigo Testamento com o Novo. Um sistema que vetasse as coisas ocultas (Deuteronômio 29,29), que não tivesse espaço para o Dia Um, para a expiação, para o Ungido, para os anjos e as hostes celestes não é facilmente relacionável ao que conhecemos acerca do cristianismo primitivo. O reino de que falou Jesus era a condição do santo dos santos, a unidade que, no seio de todas as coisas, assegurara a eterna aliança. A aliança fora violada pelos anjos decaídos que destruíram a unidade e se rebelaram. Deve ser esse o contexto original do "Venha a nós o vosso reino, seja feita a vossa vontade assim na terra como no céu"; e do "Este é o meu sangue, o sangue da aliança, derramado por muitos para a remissão dos pecados" (Mateus 26,28). No próximo capítulo, veremos o processo de renovação e restauração da aliança.

Capítulo III

EXPIAÇÃO

A expiação era fundamental para o mundo do templo e acabou por tornar-se fundamental nos ensinamentos da Igreja. Para colocarmos a expiação em seu contexto original, devemos primeiro nos voltar para a figura-chave do rito. Cabia ao sumo sacerdote, e a ninguém mais além dele, presidir o rito do sangue no Dia da Expiação, no que representava o Senhor, a Segunda Pessoa. Devemos também contemplar alguns aspectos da doutrina cristã primitiva que vieram a ser completamente esquecidos.

> Para nós, há um só Deus, o Pai, do qual todas as coisas procedem e para o qual existimos, e um só Senhor, Jesus Cristo, por meio do qual todas as coisas existem e nós também (1 Coríntios 8,6).

Essas foram as palavras de Paulo à igreja de Corinto, à qual explica que eram muitos os chamados deuses pagãos, ao passo que, para o cristão, existia apenas um Deus e um Senhor – ou, como se viria a dizer, a Primeira Pessoa e a Segunda.

Aqueles que estudaram o Novo Testamento se sentiram invariavelmente desconcertados diante do que disse Paulo. Como Paulo, um bom judeu, um monoteísta, poderia traçar qualquer distinção entre o Pai e o Senhor? Os estudiosos do Novo Testamento também se sentiram desconcertados diante do modo como Paulo se valeu de textos que o Antigo Testamento aplicara ao Senhor, Deus de Israel, a fim de remetê-los a Jesus. Desse modo, Joel 2,32 ("todo aquele que invocar o nome do Senhor será poupado") referira-se originalmente ao Senhor, Deus de Israel, enquanto Paulo acabou por aplicá-lo a Jesus, o Messias, em Romanos 10,13. Os cristãos estavam a identificar o Messias com o Senhor, Deus de Israel. "Jesus é o Senhor" era uma afirmação fundamental, mas suas consequências raramente são divisadas. Os primeiros cristãos declaravam que o Senhor, o Deus de Israel que aparecera a Abraão, falara a Moisés e guiara Israel pelo deserto, havia se encarnado em Jesus. O Deus de Israel do Antigo Testamento não era o Deus Pai, e sim o Deus Filho, e a interpretação cristã mais antiga do Antigo Testamento deixa isso bem claro. As teofanias do Antigo Testamento se resumiam a aspectos do Filho anteriores à encarnação.

O SEGUNDO DEUS[1]

Justino, que em meados do século II foi martirizado em Roma, escreveu:

> (...) nem Abraão, portanto, nem Isaac, nem Jacó, nem qualquer outro homem, viu o Pai e Senhor inefável de todas as coisas, bem como do próprio Cristo; antes, porém, viram eles aquele que, segundo vontade própria, é tanto Deus, seu Filho, quanto seu Anjo.[2]

---

[1] Discorro mais detalhadamente sobre o tema em meu *The Great Angel: A Study of Israel's Second God*. London, SPCK, 1992; ver também "The Second Person", em *The Way*, janeiro de 2004, p. 1-14.

[2] Justino, *Dialogue with Trypho* 127; trad. em *Ante-Nicene Fathers*. Grand Rapids, Eerdmans, 1979-1986, vol. 1.

Ao final do século II, Irineu, que confrontou implacavelmente os hereges de seu tempo, lia de maneira semelhante seu Antigo Testamento:

> Desse modo, Abraão foi um profeta e viu o que se daria no futuro: o Filho de Deus em forma humana, que falaria com os homens, que comeria com eles, que traria por fim o juízo do Pai.[3]

Hipólito explicou que o homem fulgurante em linho branco, descrito em Daniel 10, era o Senhor, muito embora não estivesse plenamente encarnado. Eusébio, no início do século IV, assim detalhou:

> Se não é possível ao Deus Altíssimo, o Invisível e Incriado, o Onipotente, ser visto em forma mortal, quem foi ali visto [nas teofanias do Antigo Testamento] deve ter sido o Verbo de Deus (...).[4]

Constantino ordenou que se construísse uma igreja em Mamre, onde o Senhor aparecera a Abraão, porque, nas palavras registradas por Sozomeno no século V, "ali apareceu, a Abraão, o Filho de Deus com dois anjos".[5]

Jesus identificava a si mesmo no Antigo Testamento: "Vós investigais as escrituras", disse ele ao povo que vira o milagre no tanque de Betesda, "e são elas que dão testemunho de mim" (João 5,39). Ou ainda, no caminho para Emaús: "Explicava-lhes o que

---

[3] Irineu, *Demonstration of the Apostolic Preaching* 44; trad. J. A. Robinson, *Demonstration of the Apostolic Preaching*. London, SPCK, 1920.
[4] Eusébio, *Proof of the Gospel* 1,5; trad. W. G. Ferrar. London, SPCK, 1920.
[5] Sozomeno, *Church History* 2,4, *Nicene and Post Nicene Fathers*, série 2, vol. II.

se dizia a respeito dele nas escrituras" (Lucas 24,27). Paulo disse aos cristãos de Corinto que fora Cristo quem acompanhara Moisés no deserto (1Coríntios 10,1-5). São muitos os exemplos. Foi infeliz a escolha, pela Bíblia de Jerusalém, de traduzir o Nome por "Yahweh" no Antigo Testamento, em detrimento do tradicional Senhor; isso obscurece e rompe o vínculo claríssimo que há entre o Antigo Testamento e o Novo. Mediante a forma grega do Nome, Jesus foi proclamado Senhor no Novo Testamento.

O Senhor, Deus de Israel, fora conhecido como o Filho de Deus muito antes de os cristãos passarem a usar esse nome para Jesus. Nos primeiros estratos do Antigo Testamento lemos textos do Deus Altíssimo, dos filhos de Deus e dos grandes anjos. O Primogênito desses filhos era o Senhor e os outros eram anjos de outras nações. As *Recognições Clementinas*, uma obra atribuída a Clemente, o primeiro bispo de Roma, traz Pedro a dar uma explicação memorável sobre o relacionamento entre Deus Altíssimo e os grandes anjos.

> Cada nação tem um anjo a quem Deus atribuiu o governo dessa nação e, quando um deles aparece, embora seja pensado e chamado Deus por aqueles que preside, [esse anjo] não dá testemunho de si. Pois, Deus Altíssimo dividiu todas as nações da Terra em 72 partes e para elas designou anjos como príncipes.[6]

A Israel, então, fora confiado o maior dos arcanjos, identificado como Cristo, o Rei dos Príncipes. Um relato similar é encontrado no Antigo Testamento grego: Deus Altíssimo repartiu

---

[6] *Clementine Recognitions* 2,42; trad. em *The Ante-Nicene Fathers*, vol. 8.

as nações entre os anjos e o Senhor recebeu Jacó como herança (Deuteronômio 32,8). Isso não está no texto hebreu massorético e, assim, por um bom tempo havia suspeita de ter sido uma adição cristã, confirmando a afirmação "um Pai e um Senhor". Um fragmento hebraico pré-cristão do Deuteronômio em Qumran, no entanto, traz esses relatos dos filhos de Deus, e a questão agora é: como veio a ocorrer duas versões desse verso que era tão importante para os cristãos? Consideremos também a história no livro do Gênesis 14, em que Melquisedec encontra Abraão. Em todas as versões antigas o Deus de Melquisedec é chamado simplesmente Deus Altíssimo (Gênesis 14,22), mas somente no hebreu massorético o Deus de Melquisedec é chamado de Senhor Altíssimo, não distinguindo "o Senhor" e o "Deus Altíssimo" como Pai e Filho. Há muitos exemplos. Ofereço esses simplesmente para mostrar que Deus Pai e Deus Filho eram distintos antes do advento do cristianismo e que a Segunda Pessoa, o Filho, fora o Deus de Israel, o grande anjo.[7]

O Filho fora manifestado nos sumos sacerdotes reais do culto do antigo templo. Teria nascido como um ser humano normal e, então, teríamos de perguntar como foi que um sumo sacerdote se tornou um anjo, como se tornou divino. A resposta está no ritual realizado no santo dos santos, onde somente ao sumo sacerdote era permitido entrar. Vários textos descrevem como o rei iria "nascer" como Filho de Deus ou ser "elevado" no santo dos santos. Nascer como Filho de Deus ou ser ressuscitado, ambos, eram descrições do processo de se tornar divino. O próprio Jesus utilizou os termos de maneira intercambiável. Os anjos eram filhos de Deus, o ressuscitado (Lucas 20,36).

---

[7] Apresento a questão em detalhes no meu livro *The Great Angel* (ver nota 11).

O autor da Carta aos Hebreus sabia que Melquisedec se tornara sumo sacerdote pela ressurreição e isso distinguia seu sacerdócio do de Aarão. Os sacerdotes levitas – Aarão e seus filhos – mantiveram o sacerdócio "segundo uma condição legal relativa à descendência" (Hebreus 7,16), ao passo que Melquisedec fora elevado e tinha o poder de uma vida indestrutível. Melquisedec era, portanto, um sacerdote eterno. As palavras "foi elevado" são, muitas vezes, entendidas como nada mais que ser elevado a um alto posto, mas aqui, em grego, é a palavra para ressurreição. Melquisedec foi ressuscitado ao sacerdócio eterno que manteve pelo poder de uma vida indestrutível.

O Salmo 110 é um salmo de entronização, firmado no santo dos santos, e o rei é declarado sacerdote eterno segundo a ordem de Melquisedec. O texto que precede esse pronunciamento está, todavia, avariado e é impossível lê-lo em hebraico. Se houvesse somente o texto em hebraico, nunca teríamos sabido como o rei humano se tornou o sumo sacerdote Melquisedec. A antiga tradução grega, no entanto, diz que foi gerado como filho de Deus. Parte do texto dizia: "Na glória dos santos eu te gerei". O rei nascera como um anjo entre os anjos no santo dos santos. O texto avariado também menciona o "orvalho" como uma parte do processo, e o orvalho era um símbolo da ressurreição (2 Samuel 110,3). O salmo conhecido como as últimas palavras do rei Davi (2 Samuel 23,1) o descreve como o ungido do Deus de Jacó, o homem que foi elevado ou ressuscitado. O Salmo 2 registra que quando se estabeleceu em Sião, ouviu as palavras "Tu és meu filho, eu hoje te gerei"(Salmos 2,7). E os anjos no santo dos santos deram as boas-vindas ao nascimento de um novo anjo ao cantar "porque um menino nos nasceu, um filho nos foi dado; a soberania repousa sobre seus ombros, e ele se chama: Conselheiro

Admirável, Deus Forte, Pai Eterno, Príncipe da Paz" (Isaías 9,5). O grego antigo, aqui, não confere quatro títulos, mas um: será chamado o anjo do Grande Conselho. O novo anjo é nomeado.

Em *1 Enoque* encontramos um quadro comparável: o Filho do Homem é nomeado – ou seja, recebe o grande Nome – antes de serem criados o sol e as estrelas (*1 Enoque* 48,2-3), em outras palavras, no estado que precede a criação do sol e das estrelas. Esse era o santo dos santos. A mais notável de todas é a descrição encontrada em *2 Enoque*, em que a figura do sumo sacerdote Enoque ascendeu aos céus e ficou diante do trono. O Senhor convoca Miguel para remover os trajes terrenos de Enoque – símbolo de seu corpo mortal – e vesti-lo em trajes de glória – símbolo da ressurreição do corpo. Enoque, então, é ungido com óleo perfumado de mirra e se vê transformado em um anjo. "O aspecto daquele bálsamo é mais que a grande luz, é *como o doce orvalho* e seu perfume, suave, brilhante como um raio de sol" (*2 Enoque* 22,10). O óleo de mirra é prescrito no Êxodo para consagrar o sumo sacerdote e a mobília do tabernáculo. É um óleo muito sagrado, o que significa que transmite santidade e tudo o que toca se torna santo (Êxodo 30,29). Nada disso foi feito para uso secular.

O sumo sacerdote recém-consagrado – e consagrar significa tornar sagrado –, o Filho de Deus ungido, recém-nascido, foi, então, enviado para o grande salão do templo e, assim, simbolicamente, para o mundo. Eis como Jesus descreveu a própria experiência. Quando acusado de blasfêmia por alegar a união com o Pai, disse: "Eu e o Pai somos um" (João 10,30, tradução nossa). Quando recordou aos acusadores as pretensões de alto sacerdócio, citou o Salmo 82; disse que existem seres celestiais, conhecidos como deuses, filhos do Altíssimo e, então, descreveu a criação do sumo sacerdote. "Como acusais de blasfemo aquele a quem o Pai santificou e enviou ao mundo, porque eu disse: 'Sou o Filho de Deus?'" (João 10,36). Acreditava-se que o sumo sacerdote era um com Deus, um filho de Deus. Por isso Lucas escreveu cuidadosamente a narrativa da Anunciação: "Ele será grande e chamar-se-á Filho do Altíssimo [...] Por isso o ente santo que nascer de ti será chamado Filho de Deus" (Lucas 1,32.35). Isso, de modo incidental, ecoa as palavras em um fragmento em aramaico de Qumran: "Eles o chamarão de o Filho do Altíssimo [...]" (4Q246).[8]

Quando pensamos sobre expiação e o Dia da Expiação, cujo ritual é centrado no sumo sacerdote, é importante recordar que o sumo sacerdote fora o Senhor, o Filho de Deus Altíssimo, antes de os cristãos utilizarem esses termos.

VIR COM O NOME DO SENHOR

A vestimenta externa do sumo sacerdote, como vimos, simbolizava a encarnação e ele também usava um selo dourado na fronte, gravado com — e aqui há um problema. O que estava gravado no selo dourado? A maioria das versões em inglês traduz Êxodo 28,36: "Faça uma flor de ouro puro, e grave nela, como num selo: 'Consagrado a Javé",[9] mas os autores do período tardio do segundo templo compreendiam que o selo era gravado

---

[8] Em Geza Vermes, *The Complete Dead Sea Scrolls in English*. London, Penguin, 1997.

[9] Na versão em português da edição Ave-Maria, temos a passagem com a seguinte tradução: "Farás uma lâmina de ouro puro na qual gravarás, como num sinete, Santidade a Javé". (N. T.)

somente *com as quatro letras do Nome sagrado*. Aristeas disse que o sumo sacerdote usava o Nome em uma placa de ouro.[10] Fílon, que veio de uma família sacerdotal aristocrática, escreveu que o sumo sacerdote usava as quatro letras do Nome.[11] O hebraico do Êxodo 28,36 provavelmente significava que o lacre era sagrado, e, assim, deveria ser traduzido "grave-o como as inscrições de um selo sagrado, 'O Senhor'", em vez de "grave-o como as inscrições de um selo 'Santo ao Senhor'".[12] A placa dourada do sumo sacerdote seria o selo do Senhor, exatamente como João escreveu no Apocalipse, na visão de um anjo surgindo com a aurora, com "o selo do Deus Vivo" (Apocalipse 7,2). O anjo vinha para resgatar os seus do juízo iminente, ao marcá-los com seu selo. Era o anjo sumo sacerdote.

O nome que o sumo sacerdote usava permitia-lhe suportar a culpa das oferendas sagradas e torná-las aceitáveis (Êxodo 28,38). Usar o Nome permitia ao sumo sacerdote portar ou perdoar – a palavra *naśa'* tem dois significados – as imperfeições das oferendas do povo. Ele era o portador do pecado e, portanto, a aclamação do Domingo de Ramos: "Hosana [que significa: salvai-nos]. Bendito é aquele que vem em Nome do Senhor" (Marcos 11,9) deve ter sido a aclamação para aquele que portava o Nome como portador do pecado. O terceiro mandamento foi destinado ao sumo sacerdote:

---

[10] *Letter of Aristeas* 98; trad. J. H. Charlesworth (ed.), *The Old Testament Pseudegraphia*. London, Darton, Longman & Todd, 1983-85, vol. 2.

[11] Fílon, *The Life of Moses* 2,114; Flávio Josefo, outro aristocrata sacerdotal, disse que o sumo sacerdote era chamado pelo mais honroso e venerável dos nomes (*Guerra dos Judeus* 4,163); trad. da Loeb Classical Library.

[12] Todos os selos conhecidos e as impressões em selos mostram que *l* foi prefixada à mesma em um selo.

"Não portarás/carregarás [mais uma vez a palavra *naśa'*] o nome do Senhor, teu Deus, em prova de falsidade, porque o Senhor não deixa impune aquele que usa o seu Nome em favor do erro" (Êxodo 20,7). O sumo sacerdote tinha o Nome e, assim, o poder do Nome. Ele era o selo da eterna aliança, como a figura do servo de Isaías ou do sumo sacerdote querubim descrito por Ezequiel.

Há duas formas do Nome santo: a forma pronunciada (talvez, incorretamente) como Jeová, representada nas traduções inglesas pela palavra Senhor em letras maiúsculas. Provavelmente significa "Aquele que é" ou "Aquele que faz ser". Essa forma era utilizada ao longo de todas as escrituras hebraicas e foi traduzida em grego como *Kyriós*, Senhor. A outra forma, "Sou aquele que sou", ou "Faço ser o que faz ser", aparece somente na história de Moisés e da sarça ardente (Êxodo 3,14) e é o Nome só usado pelo próprio Senhor. Em grego, isso se tornou "sou aquele que existe", *egō eimi ho ōn*. Ambas as formas do Nome são utilizadas por Jesus: a aclamação "Jesus é o Senhor" identifica-o como "aquele que é" e o dizer "Eu sou" no quarto evangelho mostram Jesus empregando a forma pessoal do Nome. Essa forma, *ho ōn* também aparece em ícones, em que o Senhor é identificado pelo Nome pessoal escrito no halo.

Pode haver pouca dúvida de que Jesus foi reconhecido e aclamado como o Senhor, o Deus de Israel descrito nas escrituras hebraicas e, assim, sua encarnação teria sido como sumo sacerdote.

O sumo sacerdote real que portava o Nome e era o Senhor com seu povo foi figura central no Dia da Expiação. Quando lemos o Levítico ou a Mishná, ou os rituais que realizou, essas eram ações do Senhor e, portanto, a expiação fora realizada pelo Senhor e somente pelo Senhor.

O DIA DA EXPIAÇÃO

"Expiação" e outras palavras hebraicas relacionadas a isso derivam todas da raiz *kipper*, mas não há muito que possa ser derivado do sentido literal da palavra.[13] O dicionário apresenta o significado dessa raiz como "cobrir", de onde se derivam os substantivos *kipporim*, que significa o ato de expiação, e *kapporet*, o local de expiação.[14] O *kapporet*, "trono da misericórdia ou propiciatório", era um assento, visto que representava o trono divino sob o qual estava a arca da aliança, apesar de a Bíblia na versão *Good News* apresentar como "a tampa da arca da aliança" (Levítico 16,2) ou a Bíblia versão *New English* como "a cobertura da arca".[15] O cronista descreveu o santo dos santos como "habitação do *kapporet*" (1 Crônicas 28,11).[16] A tradução de *kapporet* é uma indicação interessante das preocupações dos tradutores. Somos levados a pensar no *kapporet* como um acessório da arca que continha os dez mandamentos,

---

[13] Se estou no meu gramado e parto o pão, estou alimentando os pássaros. A mesma ação em um contexto bíblico ou em uma igreja tem um significado diferente.

[14] "Resgate"(*kopher*) é considerado como proveniente de outra raiz.

[15] Nas versões da Bíblia em português, encontramos a expressão traduzida como propiciatório ou como tampa. Ver também a descrição da construção da arca da aliança em Êxodo 25,17. (N. T.)

[16] A versão *New Bible* e a *New English* da Bíblia em inglês reconhecem que "tampa/cobertura" é inapropriado nas considerações de 1 Crônicas 28,11, literalmente, "habitação do *kapporet*", que tem de parafrasear como "o lugar mais sagrado onde os pecados são perdoados" e "santuário da expiação", respectivamente. A "habitação da tampa", claramente, não faria sentido. (N. A.) Em português, "sala do propiciatório". (N. T.)

sua tampa ou cobertura, ao passo que, de fato, era o trono ou o símbolo do trono, a característica central do templo, o local onde o Senhor apareceu (Levítico 16,2). No templo, onde os querubins sobre a arca eram as criaturas enormes que formavam o trono dourado no santo dos santos, o Senhor estava ali entronizado: "Vós que assentais acima dos querubins, mostrai vosso esplendor" (Salmos 79,3), ou o rei humano que era Senhor de seu povo, Emanuel. Salomão sentou-se no trono do Senhor como um rei, escreveu o cronista, e o povo o adorou (1 Crônicas 29,20-23). A entronização no *kapporet* era o estágio final da *theosis*, que, como vimos, era ressurreição. O Cordeiro entronizado no Livro do Apocalipse é um com Deus. "O trono de Deus e do Cordeiro" será aí "e seus servos lhe prestarão um culto" ("lhe", no singular; Apocalipse 22,3).

O ritual para o Dia da Expiação estava prescrito no Levítico 16. O sumo sacerdote, no caso Aarão, tinha de preparar-se com rituais de ablução e sacrifícios para ingressar no santo dos santos, pois ali o Senhor apareceria a ele "na nuvem" (isto é, no incenso) "por cima do *kapporet*" (Levítico 16,2). O sumo sacerdote tinha de pôr vestes de linho utilizadas somente no santo dos santos. Não usava as vestes coloridas que simbolizavam a encarnação porque passava além do estado material para se postar diante da presença divina. Tinha de entrar no santo dos santos sozinho, e é interessante que Fílon compreendeu isso de maneira diferente. O que lemos "Ninguém esteja na tenda de reunião quando Aarão entrar para fazer a expiação no santuário" (Levítico 16,17), Fílon entendeu como: "Ele não será um homem quando entrar para fazer a expiação".[17] Fílon

---

[17] Fílon, *On Dreams* 2,189.231; trad. da Loeb Classical Library.

compreendeu que o sumo sacerdote no santo dos santos era divino, indicado pelo uso do linho branco dos anjos.

O ritual para o Dia era o seguinte: dois bodes (a Mishná, que descreve o que era feito no tempo de Jesus, menciona que os bodes tinham de ser idênticos) eram escolhidos por sorte, um para Azazel e outro para o Senhor. O sumo sacerdote, primeiro, levava um incenso especial para o santo dos santos e lá o deixava para encher o lugar de fumaça (recordemos a visão de Isaías: "No ano em que faleceu o rei Ozias, vi o Senhor sentado sobre um trono alto e elevado. [...]o templo se enchia de fumaça" (Isaías 6,1-4). Isaías experimentou um dos serafins retirar sua culpa e perdoar seu pecado. Essa foi uma visão do Dia da Expiação). Depois de o sumo sacerdote preparar o santo dos santos com o incenso, matava um touro como uma oferenda pelo pecado pessoal e levava o sangue para o santo dos santos. Então, sacrificava "o bode para o Senhor" e levava o sangue para o santo dos santos. Cada uma das vezes, aspergia o sangue no trono da misericórdia em direção ao Leste e sete vezes defronte do trono. Depois, aspergia o sangue nas quinas do altar. O propósito disso era purificar e consagrar os lugares santos "por causa das impurezas dos israelitas e de suas transgressões, e de todos os seus pecados" (Levítico 16,16). A Mishná dá mais detalhes, possivelmente de como isso era feito no final do período do segundo templo quando o santo dos santos foi esvaziado e não havia *kapporet* para ser aspergido. O sumo sacerdote aspergia sete vezes dentro do santo dos santos e, depois, sete vezes no véu do templo; aspergia para cima e para baixo, um movimento descrito como o "de um chicote". Em seguida, aspergia as quatro quinas do altar dentro do templo, o altar de ouro de incenso e, por fim, aspergia o grande altar no pátio. O sangue remanescente era derramado sob a face sul do grande altar.[18] Dois pontos: João descreveu Jesus purificando o templo com um chicote (João 2,15) e, em sua visão do quinto selo no Livro do Apocalipse, João viu as almas dos mártires sob o altar, o sangue que fora derramado como parte da grande expiação (Apocalipse 6,9). As imagens do Dia da Expiação permeiam todo o Novo Testamento.

Esses são textos complexos e o que apresentei são meros esboços. O ritual do Dia da Expiação costumava ser considerado uma adição tardia ao saber do templo, o resultado da decadência desafortunada em modos estrangeiros no período do segundo templo. O Dia da Expiação, como descrito no Levítico, agora é reconhecido, em grande parte, devido ao trabalho do acadêmico judeu Jacob Milgrom e sua obra sobre o Levítico,[19] como um rito antigo. O propósito da limpeza elaborada do templo era purificar o local sagrado dos pecados do povo. O povo, no entanto, não tinha permissão para ingressar no local sagrado, portanto, qualquer impureza no templo deveria existir pelo fato de o templo ser um microcosmo de toda a criação. Onde quer que o pecado fosse cometido, isso poluía o templo e, inversamente, quando o templo era purificado, a criação que representava era restaurada e renovada. Isso era a renovação dos laços da aliança eterna.

Consideremos agora o movimento do ritual: era para fora do santo dos santos, era do Céu para a Terra, de modo que o sumo sacerdote ao aspergir o sangue para purificar e consagrar manifestava o Senhor restaurando a criação. O sangue representava a

---

[18] Mishná *Yoma* 5,4-5; trad. H. Danby, *The Mishnah*. Oxford, Clarendon Press, 1933.
[19] Em especial: Jacob Milgrom, *Leviticus* 1-16 (Anchor Bible). New York, Doubleday, 1991.

vida, embora como exatamente isso era compreendido não está claro. O Levítico 17,11 explicou: "Pois a vida/alma (*npš*) da carne está no sangue, e dei-vos/designei para vós esse sangue para o altar, a fim de que ele sirva de expiação por vossas vidas/almas, porque é pela vida/alma que o sangue expia". Era a expiação com coisas equivalentes, o *npš* a expiar o *npš*, mas isso era sangue/vida trazida do santo dos santos. Quando saía do templo, o sumo sacerdote punha ambas as mãos na cabeça do bode expiatório e, desse modo, depositava todos os pecados no bode. A lógica do ritual requer que o sumo sacerdote carregasse, ele mesmo, todos os pecados de Israel naquela ocasião. Ele era o portador do pecado. O bode, então, era conduzido para o deserto, levando embora os pecados. Segundo a Mishná, o animal tinha uma lã vermelha amarrada aos chifres e quando chegava ao lugar deserto chamado Beth Chaduda,[20] era empurrado de um penhasco para morrer.[21] O sumo sacerdote no templo, então, bradava o Nome e a expiação, a renovação da Criação estava completa. No calendário utilizado em Qumran, exibido no pergaminho do Grande Templo, o Dia da Expiação sempre caía em uma sexta-feira.[22]

Devemos nos voltar agora para esses dois bodes idênticos, um para Azazel (o bode expiatório) e outro para o Senhor. Esse modo de traduzir apresenta grandes problemas, o primeiro deles é porque a oferta era enviada para Azazel, o líder dos anjos decaídos. Orígenes, no entanto, ao escrever no início do século

---

[20] Há outras grafias para esse nome. *Targum Pseudo-Jônatas* grafa como Beth Chadure.
[21] Mishná *Yoma* 6,8. Op. cit.
[22] Ver J. Maier, *The Temple Scroll*. Sheffield, JSOT, 1985. Era um calendário de 364 dias com dias intercalares de tempos em tempos.

III deixou uma pequena pista, mas vital, de como os hebreus entendiam isso em seu tempo. Ele tinha contatos com os judeus eruditos na Cesareia, onde viveu, e é, de fato, muito significativo que tenha dito que o bode expiatório *era* Azazel, expulso para o deserto.[23] Isso é perfeitamente possível pela leitura em hebraico, "para" e "como" apresentadas como a mesma preposição *lˆ* em hebraico. Se um dos bodes era escolhido "como Azazel" e não "para Azazel", então, o outro bode deveria ter sido escolhido como o Senhor. A Mishná descreve como os lotes dos dois bodes eram escolhidos e como o sumo sacerdote pronunciava o Nome enquanto o lote que portava o Nome era apartado. *Esse lote era gravado da mesma forma que o selo usado pelo sumo sacerdote*, e era posto no bode antes de ser sacrificado. Era, portanto, o sangue/vida do Senhor que era levado para fora do santo dos santos para fazer a expiação que restaurava o laço da aliança e renovava a criação. Com o sistema de substituição que caracterizava o ritual do templo, havia o sumo sacerdote que "era" o Senhor, oferecendo o sangue/vida do Senhor e levando isso ao Céu, o santo dos santos. *O Senhor tanto era o sumo sacerdote como a oferenda.* A Carta aos Hebreus admite que esse sistema substitui e contrasta com a nova realidade: "Porém, já veio Cristo, sumo sacerdote [...] sem levar consigo o sangue de carneiros ou novilhos, mas com seu próprio sangue, entrou de uma vez por todas no santuário, adquirindo-nos uma redenção eterna" (Hebreus 9,11-12). Esse não era mais um ritual de substitutos; esse sacrifício cumprira o que o ritual do templo representara. A morte de Jesus foi interpretada como o sacrifício do Dia da Expiação,

---

[23] Orígenes, *Against Celsus* 6,43; trad. H. Chadwick, *Origen, Contra Celsum*. Cambridge, Cambridge University Press, 1953.

muito embora tenha morrido no tempo da Páscoa. A passagem de Hebreus prossegue: "Por isso ele é mediador do novo testamento" (Hebreus 9,15) – e aqui a palavra "novo" é uma leitura segura, diferente de "nova aliança/testamento" em alguns textos do Evangelho, como observamos no capítulo anterior. O sumo sacerdote derramando o sangue era o ápice do grande rito de expiação, por isso as palavras no relato de Mateus na Última Ceia: "porque isto é meu sangue, o sangue da Nova Aliança, *derramado* por muitos homens em remissão dos pecados" (Mateus 26,28; grifo nosso). A criação, ferida e despedaçada pelos efeitos do pecado humano estava, portanto, curada e reunida com e pela vida do Senhor, o grande sumo sacerdote. A eterna aliança estava renovada. "Mas ele foi castigado por nossos crimes, e esmagado por nossas iniquidades; o castigo que nos salva pesou sobre ele; fomos curados graças às suas chagas" (Isaías 53,5).[24]

A Epístola de Barnabé 7[25] nos dá algumas informações adicionais importantes, ao citar um texto profético que não temos mais acesso. Os sacerdotes costumavam comer a porção sagrada do bode sacrificado, crua e misturada com vinho amargo (vinagre). A porção especial normalmente era queimada como a porção do Senhor e consistia em fígados, rins e as gorduras (por exemplo, Levítico 3,3-5). O texto que Barnabé cita é: "Deixemos que comam o bode que é oferecido por seus pecados no jejum e deixemos que todos os sacerdotes, e ninguém mais, comam as partes internas, sem lavar e com vinagre". Barnabé, então,

---

[24] A passagem de Isaías citada pela autora diz literalmente: "Ele é o vínculo de nossa plenitude e por unir-se a nós somos curados". Utilizamos no texto a versão da Bíblia Ave-Maria. Para a tradução da autora, ver p. 54. (N. T.)
[25] Trad. em *Early Christian Writings*. London, Penguin Classics.

relaciona isso a Jesus bebendo vinagre antes de morrer. Essa informação sobre comer a oferta crua é confirmada pela Mishná, que diz que "os babilônios" costumavam comer a oferenda de bode crua e, em outro lugar, "os babilônios" era o termo de desprezo pelos judeus alexandrinos.[26] A prática de misturar a porção central do sacrifício com vinho amargo é surpreendentemente semelhante à prática da Igreja Ortodoxa de misturar a parte central do pão eucarístico com vinho. Também demonstra que o sangue era consumido nos rituais do templo, apesar de tudo o que foi dito sobre beber sangue ser impensável a um judeu.

O DIA DO JULGAMENTO

Quando o sumo sacerdote entrou no santo dos santos, ele o fez cercado por nuvens de incenso, e, assim, sempre que lemos a respeito de alguém subindo aos Céus com nuvens isso é uma imagem do Dia da Expiação. Essas visões ajudam a fornecer alguns detalhes faltantes para o Dia da Expiação. Primeiro, existe a visão de Daniel do Homem, ou do Filho do Homem, vindo sobre as nuvens para o Ancião dos Dias em seu trono (Daniel 7,13). As traduções em inglês acrescentam que ele foi apresentado diante dele ou trazido para perto, mas a expressão "trazido para perto" também é usada para as oferendas do templo. Dado que essa é uma visão do templo, é provável que o Homem fosse *oferecido* diante do trono – como quer que compreendamos isso – e depois foram-lhe dados "império, glória e realeza": ele foi

---

[26] Mishná Menaḥoth 11,7; trad. de H. Danby (ver nota 18). Talmud babilônico *Menaḥoth* 100ª; trad. I. Epstein (ed.), *The Babilonian Talmud*. London, Soncino Press, 1935-1948, 35 vols.

entronizado. Seguiu-se o julgamento, quando os quatro animais foram condenados e destruídos, e os santos do Altíssimo instituíram seu reino eterno. A mesma sequência é descrita em *1 Enoque*. Enoque viu o Ancião dos Dias e o Homem aproximando-se do trono. Esse homem era o escolhido, o revelador das coisas escondidas, que fora designado para julgar a terra. As preces dos justos subiram aos céus, juntamente com o sangue do Justo. Os anjos uniram-se em prece, louvor e ação de graças, e, então, os livros foram abertos e o julgamento começou (*1 Enoque* 46-47).

O exemplo mais claro dessa sequência no Novo Testamento é a citação de Paulo em Filipenses 2, possivelmente um hino antigo. Jesus Cristo

> "aniquilou a si mesmo, assumindo a condição de escravo [...] tornando-se obediente até a morte, e morte de cruz. Por isso Deus o exaltou soberanamente e lhe outorgou o nome que está acima de todos os nomes, para que ao nome de Jesus se dobre todo joelho no céu, na terra e nos infernos. E toda língua confesse, para a glória de Deus Pai, que Jesus Cristo é Senhor" (Filipenses 2,7-11).

O aniquilamento é a própria oferenda do sumo sacerdote no Dia da Expiação e "escravo" era um de seus títulos. O que é surpreendente nessa sequência: ofereceu a si mesmo, *portanto* foi exaltado, recebeu o Nome e toda a criação o adorou como o Senhor. Paulo tem a mesma imagem em Romanos, em que liga o sacrifício vivo da vida cristã a uma mentalidade transformada (Romanos 12,1-2).

A sequência expiação, julgamento e entronização está implícita no relato de Lucas da Ascensão, quando Jesus subiu com uma nuvem aos Céus e os dois anjos disseram que ele retornaria da mesma maneira. A segunda vinda era o retorno do sumo sacerdote para completar a expiação e trazer o julgamento. Esse é o modelo do Livro do Apocalipse. Assim que foi aberto o sétimo selo, o anjo com incenso lançou fogo do altar sobre a terra (Apocalipse 8,1-5) e, então, depois de soarem as trombetas, ele veio dos Céus em uma nuvem, "ressoaram então no céu altas vozes que diziam: 'O império de nosso Senhor e de seu Cristo estabeleceu-se sobre o mundo, e ele reinará pelos séculos dos séculos'" (Apocalipse 11,15). O sermão de Pedro no Pórtico de Salomão foi uma descrição simples da mesma expectativa:

> Mas vós renegastes o Santo e o Justo [...]. Matastes o Príncipe da vida [...] Arrependei-vos, portanto, e convertei-vos para serem apagados os vossos pecados. Virão, assim, da parte do Senhor os tempos de refrigério, e ele enviará aquele que vos é destinado: Cristo Jesus. É necessário, porém, que o céu o receba até os tempos da restauração universal, da qual falou Deus outrora pela boca dos seus santos profetas" (Atos dos Apóstolos 3,14-21).

Todos os motivos estavam ali: o Santo e Justo, o Autor da Vida, o Dia da Expiação, as imagens de arrependimento e de remissão dos pecados, a renovação da criação surgindo pela presença de Deus e o Ungido mantido no santo dos santos até o tempo de sua volta.

O Dia da Expiação, assim como o Dia do Julgamento, é vislumbrado em Deuteronômio 32,43. Digo vislumbrado porque esse é outro exemplo de um texto cristão comprovado que é muito mais curto no hebraico massorético do que no grego antigo e no Qumran hebraico. Na forma mais longa – e, sugiro, a original –, os Céus se rejubilam e os filhos de Deus adoram o Senhor, as nações se regozijam com seu povo e todos os anjos de Deus triunfam com ele porque ele vinga o sangue de seus filhos e traz justiça aos inimigos e aos que o odeiam, e expia a terra de seu povo (Deuteronômio 32,43; LXX). O louvor angélico e o triunfo não estão no texto hebraico massorético, mas esse era um texto-chave na Carta aos Hebreus. "Todos os anjos de Deus o adorem" (Hebreus 1,6) foi um de uma série de textos usados para demonstrar a alegação cristã a respeito de Jesus: ele era o filho que fez a purificação pelos pecados, foi entronizado nos Céus e foi-lhe dado o maior dos Nomes, e, então, quando traz o unigênito ao mundo, diz: "Todos os anjos de Deus o adorem". Esse é ainda outro exemplo de Jesus sendo identificado como o Deus de Israel, trazendo, aqui, julgamento no Dia da Expiação, e outro exemplo de duas versões hebraicas de um texto importante para os cristãos.

O Dia da Expiação e o Dia do Julgamento podem ser mais bem visualizados em um texto judaico, *A Assunção de Moisés*, que era conhecido no primeiro século d.C. e é uma expansão e interpretação da parte final do Deuteronômio. Mostra como Deuteronômio 32,43 teria sido compreendido pelos contemporâneos de Jesus. Esse é o cenário em que os destinatários da Carta aos Hebreus teriam entendido o versículo, um cenário muito semelhante ao do Livro do Apocalipse. "Então seu reino surgirá por toda a criação, o demônio terá seu fim e a tristeza será levada para longe com ele" – uma clara referência ao levar para longe o bode expiatório. "Em seguida, as mãos do maior dos anjos serão preenchidas [com incenso] e os vingará dos inimigos. O celestial erguer-se-á do trono e sairá do local sagrado com indignação e ira em nome de seus filhos." Aqui seguem os sinais do Dia do Julgamento: a terra a tremer e o sol obscurecido, a lua transformada em sangue e assim por diante.[27] Esse texto demonstra claramente que a vinda do Senhor era esperada como o sumo sacerdote angélico no Dia da Expiação.

O *Livro de Enoque* dá mais detalhes. Quando a terra fora corrompida pelas obras dos anjos decaídos e as preces das vítimas foram ouvidas nos céus, os arcanjos foram enviados para levar o julgamento. Azazel foi amarrado e aprisionado em um fosso no deserto, em um lugar cujo nome é muito semelhante ao do lugar do bode expiatório.[28] No último dia do Juízo, Azazel seria lançado ao fogo. Outra versão da história diz que os anjos rebeldes foram aprisionados com seu líder por setenta gerações, até o tempo de sua destruição derradeira. Quando Azazel foi amarrado, os arcanjos puderam purificar a terra de toda impureza e pecado e curá-la (*1 Enoque* 10). Segundo a genealogia de Lucas, há setenta gerações de Enoque a Jesus (Lucas 3) e, assim, a libertação de Azazel e seu julgamento final era tido como iminente. Ora, o nome Azazel significa "O Forte" e é por isso que depois de realizar tantos exorcismos Jesus falou de prender o homem forte antes de entrar em sua casa e tomar seus bens (Marcos 3,27). O Livro do Apocalipse descreve um anjo prendendo Satanás e o lançando em um fosso por milhares de anos, de modo que o reino pudesse ser instituído na terra. A parábola das ovelhas e dos cabritos nos relata a mesma história. O Homem retorna

---

[27] *Assumption of Moses* 10. J. H. Charlesworth (ed.), *The Old Testament Pseudegraphia*. London, Darton, Longman & Trodd, 1983-1985, vol. 1. Nessa obra, o texto é chamado de *The Testament of Moses*.

[28] Acredita-se que o texto etíope seja uma tradução de uma tradução do original.

com seus anjos, como em Deuteronômio 32,43, em que o Senhor surge com os anjos, e senta-se no trono como juiz. Ele é descrito como o rei e fala de seu Pai, isto é, o Rei é o Filho de Deus. "Vinde, benditos de meu Pai, tomai posse do Reino que vos está preparado desde a criação do mundo." Os outros são condenados ao "fogo eterno destinado ao demônio e aos seus anjos" (Mateus 25,34.41).

A expiação restaura os laços da aliança eterna. A história de Fineias no Livro dos Números 25 torna claro o elo entre expiação e aliança: "minha aliança de paz. [...] porque [...] fez expiação pelos israelitas" (Números 25,12-13). Temos de pensar na expiação como restauração dos laços da aliança que asseguram a ordem criada e protegem os que nela se encontram. Mary Douglas estudou o Levítico com olhos de antropóloga e tirou algumas conclusões interessantes acerca da linguagem utilizada para descrever a expiação. Concentrar nas ideias de purificação, diz ela, nos afasta da:

> própria descrição clara e muito específica de expiação do Levítico [...] (que significa) "cobrir ou recobrir, tampar um buraco, curar uma doença, reparar uma fenda, restaurar um revestimento rasgado ou partido [...] Expiação não significa cobrir um pecado de modo a escondê-lo da vista de Deus; significa restaurar uma camada exterior que apodreceu ou foi perfurada.[29]

Essa proteção externa apodrecida fora destruída pelo pecado e a expiação era o ritual para sua restauração. Ezequiel, que

---

[29] Mary Douglas, "Atonement in Leviticus", *Jewish Studies Quarterly*, 1 1993-1994, p. 117.

era sacerdote no primeiro templo, escreveu: "Eu vos farei passar sob o bastão e reentrar nos liames da aliança. Segregarei do vosso meio os rebeldes e aqueles que contra mim se revoltaram" (Ezequiel 20,37-38). A segurança de restaurar os laços da aliança perpassa as palavras de Paulo em Romanos 8: "Pois estou persuadido de que nem a morte, nem a vida, nem os anjos, nem os principados, nem o presente, nem o futuro, nem as potestades, nem as alturas, nem os abismos, nem outra qualquer criatura nos poderá apartar do amor que Deus nos testemunha em Cristo Jesus, nosso Senhor" (Romanos 8,38-39).

Desde os primórdios, a Igreja relacionava a Sexta-Feira Santa ao Dia da Expiação. A Epístola de Barnabé 7 comparou a veste vermelha à lã vermelha usada pelo bode expiatório e "a questão de haver dois bodes semelhantes é que quando virem-no chegar no Dia em que serão tomados de terror diante do claro paralelo entre ele e o bode". Justino também relacionava o bode sacrificado à Segunda Vinda.[30] Os primeiros lecionários traziam as leituras da sinagoga para o Dia da Expiação no Sábado Santo, para recordar não só o grande jejum, mas também a recriação do mundo.[31] A mais notável de todas deve ser a celebração da Quinta-Feira Santa em Latrão, Roma, que afirmava ter muitas relíquias do templo, incluindo a arca da aliança encerrada no altar principal. Os papas medievais comemoravam a origem da Eucaristia ao realizar um ritual único com uma relíquia do sangue de Cristo. Uma oferta de sangue sobre a arca só poderia ser

---

[30] Justino Mártir, *Diálogo com Trifão* 40, op. cit.
[31] Ver Eric Werner, *The Sacred Bridge: the Independence of Liturgy and Music in Synagogue and Church during the First Millenium*. London, Denis Dobson; New York, Columbia University Press, 1959.

o Dia da Expiação, celebrado pelo papa na Quinta-Feira Santa como a origem da Eucaristia.[32]

MELQUISEDEC, O GRANDE SUMO SACERDOTE

A resposta do povo à expiação do Senhor foram o ano sabático e o ano jubilar. A cada sete anos havia um ano sabático, no qual nenhum cultivo era semeado ou vendido e somente o alimento que crescia por si poderia ser colhido e comido. Débitos para aqueles que faziam parte da aliança tinham de ser cancelados e os escravos hebreus, libertados. O sétimo ano era como o sétimo dia da criação, quando Deus olhou para todas as coisas que fizera e viu que eram boas (Gênesis 1,31). Não existia dívida, não existia escravidão, não existia agricultura e, assim, o casal humano e todas as outras criaturas comiam apenas as sementes, frutos e plantas que cresciam da terra. A cada sete anos sabáticos havia o ano jubilar, o *Shabat* dos *Shabats*, no qual, além de observar as exigências do ano sabático, cada pessoa retornava ao lar e à propriedade ancestral. No Dia da Expiação, um arauto percorria toda a localidade a proclamar o ano do jubileu, o ano da liberdade, *d'ror*, a palavra-chave hebraica para identificar o material jubilar (Levítico 25,10). A resposta à expiação e a renovação da criação eram a renovação da sociedade humana dentro

---

[32] Sible de Blaauw, "The Solitary Celebration of the Supreme Pontiff. The Lateran Basilica as the New Temple in the Medieval Liturgy of Maundy Thursday". *Omnes Circumadstantes: Contributions towards a History of the Role of the People in the Liturgy, presented to Herman Wegman.* Kampen, J. H. Kok, 1990, p. 120-43.

dos liames da aliança.[33] Uma vez que muitos judeus viviam fora da Palestina no período do segundo templo e, portanto, tinham de viver em sistemas econômicos estrangeiros, as exigências do jubileu foram espiritualizadas e seus equivalentes se tornaram: libertar da dívida do pecado, libertar da escravidão dos espíritos maus e a grande reunião de Israel. A tradução grega das escrituras hebraicas tornou *d'ror*, liberdade, em *aphesis*,[34] a palavra encontrada no relato de Mateus da Última Ceia: "o sangue da Nova Aliança, derramado por muitos homens em remissão [*aphesis*] dos pecados" (Mateus 26,28). A expiação efetuada pela morte sacrificial de Jesus deve ter sido a renovação da aliança eterna que inaugurou o grande jubileu.

Isso é confirmado por um dos fragmentos de texto encontrados em Qumran, a seção final de uma obra previamente desconhecida e agora designada por texto de Melquisedec (11Q13).[35] As revelações desse texto sobre as expectativas do jubileu na época de Jesus apresentaram todo um novo contexto para compreender seu ministério e seu ensinamento. O texto de Melquisedec descreve o que tinha de acontecer no décimo jubileu, em outras palavras, durante os últimos 49 anos de um período de 490 anos. Ora, a profecia enigmática em Daniel (Daniel 9,24-27)

---

[33] Há certa controvérsia se esse era o ano após sete anos, isto é, o quinquagésimo ano, que parece ter sido a prática do primeiro templo, ou o quadragésimo nono ano mesmo, que era a prática do segundo templo.

[34] Na época em que as Escrituras judaicas foram traduzidas para o grego, talvez no século III a.C., *aphesis* era empregada tanto para a libertação do ano sabático, šmṭh, como para a liberdade do ano jubilar, *d'ror* (Dt 15,1 e Lv 25,10).

[35] Em Geza Vermes, *The Complete Dead Sea Scrolls in English*. London, Penguin, 1997.

também fala de um período de 490 anos, mas o descreve como 70 semanas de anos, 70 x 7, e o período foi calculado a partir da reconstrução de Jerusalém por aqueles que Enoque chamou de apóstatas impuros. A profecia de Daniel previu que depois de 490 anos haveria uma grande expiação para pôr fim à transgressão e à iniquidade. A visão e a profecia seriam cumpridas e o Santíssimo seria ungido. Se supusermos que os 490 anos de Daniel eram os mesmos do texto de Melquisedec, vemos que o ministério de Jesus recaiu nos primeiros anos do décimo jubileu.

O fragmento de Melquisedec inicia com a proclamação do jubileu de Levítico 25, em que cada pessoa deve retornar à sua propriedade. Isso relaciona-se a Isaías 61,1, outro texto jubilar: "O espírito do Senhor Deus repousa sobre mim, porque o Senhor consagrou-me pela unção [...] anunciar [...] aos prisioneiros a liberdade (*d'ror*)". O restante do fragmento mostra que o jubileu de Melquisedec traria liberdade, perdão dos pecados e libertação do poderio dos anjos rebeldes que capturaram os filhos da luz. Melquisedec inauguraria o julgamento descrito no Salmo 81.1: "Levanta-se Deus na assembleia divina; entre os deuses (*elohim*) profere o seu julgamento" – que é o cenário do Livro do Apocalipse, em que o Cordeiro toma seu lugar no trono celestial e, então, são abertos os selos. O texto de Melquisedec, em seguida, cita Isaías 52,7, os pés do mensageiro que proclama a paz e traz a boa-nova – nosso evangelho da palavra – que diz a Sião "Teu Deus reina". O fragmento menciona, nessa altura, Daniel (supomos ser a profecia de 490 anos) e, logo após, retorna para Isaías 61: "para consolar os aflitos". O fragmento acaba depois de revelar "Nosso Deus é Melquisedec".

Até mesmo aquilo que resta do texto demonstra que o sumo sacerdote divino Melquisedec era esperado para surgir e proclamar o grande jubileu, para perdoar os pecados, resgatar os seus do poder dos maus espíritos e para realizar grandes sacrifícios expiatórios e proferir o julgamento dos maus espíritos. O jubileu de Melquisedec, por certo, seria incluído na reunião de Israel. Assim, a expectativa messiânica na época de Jesus era por um sumo sacerdote ungido que proclamaria o reino e faria a grande expiação. Esse Melquisedec apareceria na primeira semana do décimo jubileu, isto é, nos primeiros sete anos do décimo jubileu. Uma vez que o décimo jubileu terminaria no ano 66 d.C., Melquisedec era esperado entre os anos 17 e 23 d.C.

Agora é geralmente aceito que Jesus tenha nascido no ano 6 a.C. ou antes, e Lucas registra que ele tinha cerca de 30 anos na época de seu batismo (Lucas 3,23). Em outras palavras, mesmo que tenha nascido por volta do ano 13 a.C., ainda teria sido batizado no primeiro dos sete anos do décimo jubileu. Em seguida, foi a Nazaré e leu Isaías 61, a profecia de Melquisedec: "O Espírito do Senhor está sobre mim [...] para pôr em liberdade os cativos, para publicar o ano da graça do 30" (Lucas 4,18-19). A passagem de Isaías prossegue para referir-se a "um dia de vingança de nosso Deus" (Isaías 61,2), uma referência à liberdade e ao julgamento no Dia da Expiação. Jesus, então, disse: "Hoje se cumpriu este oráculo que vós acabais de ouvir" (Lucas 4,21). *Ele afirmou ser Melquisedec*. E assim Marcos inicia seu relato do ministério: "Completou-se o tempo [uma referência ao décimo jubileu] e o Reino de Deus está próximo; fazei penitência [porque o dia do julgamento está próximo] e crede no Evangelho [as boas-novas do jubileu]" (Marcos 1,15). Em seguida, o ministério é apresentado como obra de Melquisedec: perdoar pecados, fazer exorcismos e reunir os impuros e excluídos. O sarcasmo de Caifás, registrado em João 11,50, também pressupõe essa expectativa: "Nem considerais que vos convém que morra um só homem pelo povo, e que não pereça toda a nação", a que João acrescenta: "E ele não disse isso por si mesmo, mas, como era o sumo sacerdote daquele ano, profetizava que Jesus havia de morrer pela nação, e não somente pela nação, mas também para que fossem reconduzidos à unidade os filhos de Deus dispersos" (João 11,51-52). Essa era a verdadeira reunião do décimo jubileu.

Mesmo em breves visões gerais como esta, é possível observar como o templo e suas práticas podem iluminar o Novo Testamento, embora as raízes expiatórias do templo tenham sido negligenciadas quase por completo na formulação da doutrina cristã.

Capítulo IV
SABEDORIA

Após a cidade de Jerusalém ter sido destruída pelos babilônios em 586 a.C., os refugiados foram para o sul. O profeta Jeremias foi com eles e disse que o desastre fora devido aos pecados e que, mesmo no Egito, a punição continuaria. Os refugiados em Patros confrontaram Jeremias e não aceitaram o que ele disse. O desastre fora causado, disseram, por negligenciar a Rainha do Céu. Jeremias, então, nos oferece um vislumbre da religião de Judá do século VII – queimar incenso para a Rainha do Céu, oferecer-lhe libações e fazer pães a representando, "então, tínhamos pão em fartura, vivíamos na abundância e não sabíamos o que fosse a desgraça" (Jeremias 44,17).

Ao lado dessa, está a história estilizada e breve incorporada no *Livro de Enoque*, conhecida como o *Apocalipse das Semanas* porque cada período da história é designado como uma semana. É a história de Enoque, Noé, Abraão, da entrega das Leis (mas sem mencionar Moisés ou o Êxodo), e da construção do templo; e, depois, na sexta semana, "Todos aqueles que moram no templo perderão sua visão, e seus corações serão esquecidos da Sabedoria [...] Ele queimará a casa do domínio com fogo e toda a raça da raiz eleita será dispersa" (*1 Enoque* 93,11-12). Essa história nada conhece da história deuteronomista do Êxodo e do herói Moisés, mas enfatiza

Enoque e diz que Jerusalém foi destruída depois que o povo no templo se esqueceu da Sabedoria. Existe até um poema em outra passagem sobre a Sabedoria rejeitada:

> A Sabedoria saiu para habitar entre os filhos dos homens, mas ela não obteve habitação.
> A Sabedoria retornou ao seu lugar e assentou-se no meio dos anjos (1 *Enoque* 42,2-3).

O EXPURGO DE JOSIAS

Pouco antes de o templo ter sido destruído, houve um expurgo maciço da religião de Judá e de Jerusalém, comumente descrito como a reforma do rei Josias. O próprio relato dos deuteronomistas desse expurgo deixa claro que uma cópia antiga de um livro da lei fora encontrada no templo e isso incitou o jovem rei a retirar de seu reino tudo o que não fosse de acordo com os regulamentos desse livro. II Reis 23 descreve o que aconteceu: qualquer coisa associada com a adoração de Baal e Aserá e a hoste do céu foi removida do templo e destruída. Os sacerdotes que, antes, os príncipes nomeavam para queimar incenso em outras cidades foram depostos, mas não viriam servir em Jerusalém; ficaram nas próprias regiões. O relato ressalta a destruição de Aserá, que foi retirada do templo e queimada pelo vale do Cedron, e a destruição das casas do *qdšm*, uma palavra normalmente traduzida por "prostituto masculino", mas que, talvez, devesse ser lida como "os santos, anjos",[1] visto que Josias estava removendo tudo o que estivesse relacionado com a hoste celestial. Nessas casas, as

---

[1] As letras hebraicas para ambas as palavras são idênticas.

mulheres tinham vestes de linho tecidas para Aserá.² Também retirou os cavalos dedicados ao sol que ficavam no portão do templo. O que os refugiados descreveram como o abandono da Rainha do Céu e Enoque descreveu como renúncia à Sabedoria deve ter sido esse expurgo de Josias. O que ele tentou destruir foi a antiga religião de Jerusalém e Judá.

Bem depois, no século IV d.C., o povo recordava o que acontecera naquela época: o Talmude de Jerusalém descreveu como um grande número de sacerdotes lutara com Nabucodonosor contra Jerusalém e fora se estabelecer na Arábia, "entre os filhos de Ismael" (*J. Ta'anit* 4,5). Esses devem ter sido os sacerdotes descontentes que não aceitaram o expurgo de Josias. Jeremias registra o medo do rei Sedecias, um dos filhos de Josias: "Temo os judeus que já se aliaram aos caldeus, e que me maltratarão se a eles for entregue" (Jeremias 38,19). O primeiro templo sempre foi lembrado como o verdadeiro templo. Na época do Messias, cinco coisas seriam restauradas, que estiveram no primeiro templo, mas não no segundo: o fogo, a arca, a menorá, o Espírito e o querubim.³ Noutro lugar lemos que no tempo de Josias, a arca, o óleo de unção, a jarra de maná e a vara de Aarão foram escondidos.⁴ O relato do expurgo de Josias deve incluir, em alguma parte, a remoção da arca, a menorá, o óleo, o maná, o bastão do sumo sacerdote e o querubim, presumivelmente do trono. Alguns desses podem ter sido levados, por segurança, pelos devotos da tradição do templo. Outros podem ter sido destruídos.

---

² O significado mais provável para o hebraico incerto de 2 Reis 23,7.
³ *Midrash Rabá de Números* XV.10; trad. Harry Freedman (ed.), *Midrash Rabbah*. London, Soncino Press, 1939, 10 vols.
⁴ Talmude babilônico *Horayoth* 12a.

O primeiro capítulo do Livro dos Provérbios também descreve a Sabedoria rejeitada e pode muito bem ser datado no período entre a rejeição da Sabedoria por Josias e a destruição da cidade pelos babilônios.

> Até quando, insensatos, amareis a tolice, e os tolos odiarão a ciência?
> Convertei-vos às minhas admoestações, espalharei sobre vós o meu espírito, ensinar-vos-ei minhas palavras.
> Uma vez que recusastes o meu chamado e ninguém prestou atenção quando estendi a mão, uma vez que negligenciastes todos os meus conselhos e não destes ouvidos às minhas admoestações, também eu me rirei do vosso infortúnio e zombarei, quando vos sobrevier um terror, quando vier sobre vós um pânico, como furacão; quando se abater sobre vós a calamidade, como a tempestade; e quando caírem sobre vós tribulação e angústia.
> Então me chamarão, mas não responderei; procurar-me-ão, mas não atenderei (Provérbios 1,22-28).

Essa é uma deusa falando ao povo que a rejeitou. Até mesmo um breve exame demonstra que fora a Senhora em Jerusalém que tinha sido rejeitada e retornara ao seu lugar entre os anjos. Fora adorada com vinho, incenso e pão para representá-la. Protegera a cidade, dera prosperidade e visão aos sacerdotes. Fora expulsa do templo por Josias e seu culto, provavelmente, envolvia os itens removidos no expurgo ou recordados como faltantes no segundo templo: o item chamado Aserá (provavelmente a menorá), a hoste do Céu, os cavalos para o sol, o óleo, o maná, o bastão do sumo sacerdote que trazia flores de amêndoa, a arca, o fogo e o Espírito. Uma lista longa, mas essas coisas não foram esquecidas.

No Livro do Apocalipse, João viu a arca restaurada ao santo dos santos (Apocalipse 11,19), viu quatro cavalos partirem do templo (Apocalipse 6,1-8), viu o Homem em meio a sete candelabros, a menorá (Apocalipse 1,12), ouviu o Espírito prometer aos fiéis que receberiam o maná escondido (Apocalipse 2,17). João estava descrevendo a restauração do primeiro templo. Também viu a Rainha do Céu no templo, muito embora não seja nomeada como rainha. "Apareceu em seguida um grande sinal no céu: uma Mulher revestida do sol, a lua debaixo dos seus pés e na cabeça uma coroa de doze estrelas" (Apocalipse 12,1). A seus pés estava um grande dragão vermelho. Dera à luz a um filho que estava destinado a cumprir o Salmo 2 – governar as nações com cetro de ferro – e, possivelmente, o restante do salmo: "Tu és meu filho, eu hoje te gerei" (Salmos 2,7). O filho da mulher foi levado ao trono de Deus.

Esses poucos versos no Livro do Apocalipse demonstram a importância da Senhora perdida e o culto do primeiro templo para compreender as origens cristãs.

A SENHORA PERDIDA

Agora, voltarei ao que pode ser recuperado acerca da Senhora Perdida e de seu mundo, um mundo em que eram exploradas questões profundas e a teologia, expressa, não na filosofia abstrata que podemos vir a associar com teologia, mas em gravuras, símbolos e no som das palavras. Isso não quer dizer que estaremos nos voltando a um sistema pouco sofisticado. A teologia da

Sabedoria foi obscurecida por uma teologia simplista da história que os estudiosos modernos apresentaram como a teologia do Antigo Testamento. A Sabedoria, por intermédio das imagens utilizadas para retratá-la, trata de questões tais como a relação entre o humano e o divino, os meios de *theosis*, a administração do conhecimento e o poder que o conhecimento traz para transformar ou para destruir.

Primeiro, a prova arqueológica:

- Centenas de estatuetas femininas (cerca de 854)[5] foram encontradas em Judá e Jerusalém, conhecidas como esculturas pilares. Mediam entre 8 a 14 cm de altura, com seios e olhos proeminentes. As estátuas encontradas em Jerusalém e no norte da Judeia por vezes usam turbante e algumas seguram um disco, identificado como um escudo, um tambor ou um pão. O rosto frequentemente é pintado de vermelho, o "vestido" parece ter sido branco e há traços de decorações vermelhas e amarelas no pescoço e ombros, talvez representando joias. Essas estátuas muitas vezes foram encontradas com estátuas de cavalos e cavaleiros. Muitas foram esmagadas. Os arqueólogos concluíram que essas estátuas caíram em desuso no final do período do segundo templo, na época de Josias.
- Foram encontrados grafites em duas grandes ânforas em Kuntillet 'Ajrud, no deserto do sul, que parece ter sido o local de descanso dos peregrinos a caminho de Jerusalém.

---

[5] R. Kletter, "Between Archaeology and Theology. The Pillar Figurines from Judah and the Asherah". In: Amihai Mazar (ed.), *Studies of the Archaeology of the Iron Age in Israel and Jordan*. Sheffield, Sheffield Academic Press, 2001, p. 179-216.

Uma inscrição diz "Abençoo-te por *Yhwh* da Samaria e por Astarote", e a outra, "Abençoo-te por Yhwh de Teman e por Astarote". Há inúmeras discussões sobre essas inscrições e como o nome de Astarote se relaciona com o de Aserá.[6] Visto que Astarote é uma forma constante e Yhwh é definido por seu centro de culto – Teman e Samaria – parece que Astarote era uma imagem "mais velha", talvez, a mãe do Senhor?

- As tabuletas encontradas no local da antiga Ugarit (na costa da Síria) descrevem a grande deusa Atirate, o mesmo nome de Astarote. Era a Grande Senhora, a Virgem Mãe de setenta filhos do grande deus El (um deus que muitas vezes era retratado como um touro);[7] era uma divindade solar, era a Luz dos deuses, a Iluminada, e seu símbolo era um fuso. Tinha vários nomes: Atirate, Raḥmay ou Shapsh. Era a mãe que amamentava o rei terreno, que era conhecida como Estrela da Manhã e Estrela da Tarde (ver Apocalipse 22,16), e parece que era representada como um disco solar alado sobre a cabeça do rei, demonstrando que ela era sua mãe celestial.[8]

Não é boa prática reconstruir o deus masculino de Israel a partir dos textos bíblicos e a divindade feminina a partir das

---

[6] Um bom caminho nesse debate é John Day, *Yahweh and the Gods and Goddesses of Canaan*. Sheffield, Sheffield Academic Press, 2000.

[7] Esses textos podem ser encontrados em: N. Wyatt, *Religious Texts from Ugarit: The Words of Ilimilku and his Colleagues*. Sheffield, Sheffield Academic Press, 1998.

[8] N. Wyatt, "The Stela of the Seated God from Ugarit", *Ugarit-Forschungen* 15, 1983, p. 271-77.

provas arqueológicas, pois isso dá a impressão de que a Senhora não pode ser encontrada em fontes escritas. A correspondência entre a Grande Senhora de Ugarit e a Senhora Perdida de Jerusalém é, todavia, impressionante, como veremos no modo de descrever a Senhora de Jerusalém como uma divindade solar alada, a mãe do rei chamado Estrela da Manhã e a mãe dos filhos de El (isto é, dos anjos). A vantagem de termos provas arqueológicas como suporte a uma hipótese construída a partir dos textos é que a prova arqueológica tem menor probabilidade de ser editada, embora os relatos arqueológicos da primeira metade do século passado comprovem que várias dessas estatuetas foram descartadas como lixo porque pensavam não ter relevância para a arqueologia bíblica.

A MÃE DO SENHOR

Muitos fragmentos de Isaías foram encontrados em Qumran, mas a profecia de Emanuel em Isaías 7 só sobrevive no grande papiro de Isaías, em outras palavras, isso é somente prova pré-cristã para o texto hebraico daquela profecia. A forma atual do texto, mesmo em inglês, sugere algo faltante. Acaz diz que não pedirá um sinal do Senhor *yhwh* e, em vez disso, Isaías diz que ele terá um sinal do Senhor *adonai*, e daí segue a profecia do nascimento da criança. O papiro de Isaías aqui difere do texto hebraico massorético por uma letra, e lê-se: "Peça um sinal da *Mãe do Senhor teu Deus*" e, quando Acaz recusa, diz Isaías: "Por isso, o próprio Senhor vos dará um sinal: uma virgem conceberá e dará à luz um filho, e o chamará Deus Conosco [Emanuel]" (Isaías 7,14). Isso faz muito sentido se Jerusalém tivesse tido uma Grande Senhora que fora a Virgem

Mãe celeste do rei terreno, um rei que era, ele mesmo, o sinal de Deus para seu povo, Emanuel. A criança prometida, em seguida, aparece: "porque um menino nos nasceu, um filho nos foi dado" (Isaías 9,5), o canto dos anjos no santo dos santos ao nascer o novo rei como filho divino. Outro relato desse nascimento no Salmo 109 inclui, em um fragmento, de outro modo ilegível em hebraico, o nome "Estrela da Manhã" no versículo 3, embora a RSV[9] traga apenas "manhã". Um contemporâneo de Isaías, o profeta Miqueias, também falou de uma mulher inominada que estava prestes a dar à luz ao grande Pastor de Israel. As palavras familiares dessa profecia são: "Mas tu, Belém-Efrata [...] é de ti que sairá para mim aquele que é chamado a governar Israel. Suas origens remontam aos tempos antigos, aos dias do longínquo passado" (Miqueias 5,1) e a palavra é 'olam, eternidade, santo dos santos. As linhas a respeito da mãe raramente são notadas, mas esse é outro texto descrevendo a mãe e seu filho real que é nascido no santo dos santos e virá (Miqueias 5,2-3). Há também a profecia de Malaquias 3,23, que pressagia o retorno de Elias antes do dia do Senhor, e os evangelhos identificam João Batista como Elias anunciando a vinda do Senhor (Marcos 9,11-13). A outra parte da profecia de Malaquias muitas vezes é negligenciada ou mal traduzida. Quando Elias retorna, "levantar-se-á o Sol de Justiça, trazendo a cura nas asas *dela*".[10] O sinal nos céus em Apocalipse 12 é a

---

[9] A Revised Standard Version (sigla em inglês RSV) é uma tradução da bíblia para o inglês da bíblia publicada na metade do século XX. É proveniente da tradução do Novo Testamento, feita por William Tyndale em 1525. A RSV é uma versão autorizada da American Standard Version de 1901.

[10] Para dar o destaque desejado pela autora, optamos aqui por utilizar a passagem de Malaquias traduzida pela autora, visto que nas versões em

Rainha do Céu no santo dos santos com a arca. Ela está vestida de sol, coroada de estrelas e dá à luz o Messias. Depois, ela voa com as asas de uma grande águia para escapar da serpente. Essa visão é posta exatamente no centro do Livro do Apocalipse. A Sabedoria descreve-se no santo dos santos em Provérbios 8. No templo, fora construído como um cubo perfeito e revestido de ouro para representar a luz e o fogo da presença divina (2 Crônicas 3,8); em Provérbios 8 é um estado além do visível e da criação temporal. A Sabedoria foi gerada e produzida nesse estado (Provérbios 8,24-25) e ela estava ao lado do Criador quando ele instituiu os céus e marcou os fundamentos da terra. Testemunhou a criação. Ela também era *'amon*, uma palavra hebraica rara que provavelmente significa "artífice"; em grego, tornou-se *harmozousa*, a mulher que une ou a mulher que mantém a harmonia (Provérbios 8,30). Esse poema da Sabedoria não descreve a criação visível – árvores, pássaros, animais – mas somente as estruturas que foram instituídas em estado invisível, as "coisas fixas". Ela estava lá quando o Criador "preparava os céus" e "traçou o horizonte na superfície do abismo", quando "impôs regras ao mar, para que suas águas não transpusessem os limites, quando assentou os fundamentos da terra" (Provérbios 8,27-28). Ela era o deleite do Criador, dançava e brincava diante dele. Um Criador masculino e feminino é conhecido em Gênesis 1,26-27: "Então Deus [uma palavra plural em hebraico] disse: 'Façamos o homem à nossa imagem e semelhança [...]' E Deus criou o homem à sua imagem; [...] criou o homem e a mulher".

---

português da Bíblia (Ave-Maria e Jerusalém) a passagem não traz o pronome feminino. (N. T.)

A figura feminina também aparece em Gênesis 1,2: "o Espírito de Deus pairava [movia-se] sobre as águas". "Pairar/mover-se", aqui, é uma forma feminina: ela girava, rodopiava, sobre as águas. Quando o Gênesis foi traduzido para o aramaico, uma versão usada na Palestina[11] e que os primeiros cristãos conheciam, trazia o primeiro verso do Gênesis como: "No princípio, com Sabedoria, o Senhor criou...". As pessoas lembravam que a Sabedoria estivera presente na criação, e que ela também era conhecida como o Espírito.

A mulher no santo dos santos, vestida de sol e dando à luz o Messias deve ter impelido a Igreja primitiva a contar a história de Maria como a história da Sabedoria. O *Evangelho da Infância de Tiago* não é fácil de datar, mas Justino, em meados do século II, sabia que o nascimento ocorrera em uma gruta; Clemente de Alexandria, no final do século II, sabia que Maria era virgem após dar à luz; e Orígenes sabia que José fora um viúvo com outros filhos[12] – todos, detalhes exclusivos do *Evangelho da Infância de Tiago*. Um papiro do *Evangelho da Infância de Tiago*, datado do final do século III, é, sabidamente, texto completo mais antigo desse evangelho.[13] O *Evangelho da Infância de Tiago* relata como Maria foi oferecida no templo aos 3 anos de idade, tal como o menino Samuel (1 Samuel 1,24). O sacerdote recebeu-a e sentou com ela no terceiro degrau do altar e ela dançou aos seus pés no templo. Ela foi alimentada por um anjo e cresceu

---

[11] Targum *Neofiti;* trad. Martin McNamara. Edinburgh, T&T Clark, 1994.
[12] Justino Mártir, *Diálogos com Trifão* 78; trad. em *Ante-Nicene Fathers*, vol. 1; Clemente de Alexandria, *Miscelâneas* 7,93; trad. em *Ante-Nicene Fathers*, vol. 2; Orígenes, *Comentário sobre Mateus* 10,17; trad. em *Ante-Nicene Fathers* (volume adicional). Edinburgh, 1897; reproduzido por Grand Rapids, Eerdmans, 1974.
[13] Papiro Bodmer V.

no templo até os 12 anos e no início da puberdade teve de partir. Foi encontrado um marido para ela, José, que era um viúvo com filhos. Quando foi preciso um novo véu para o templo, sete moças jovens foram escolhidas para fiar a lã e tecê-lo. Maria era uma delas e, enquanto fiava, o anjo lhe disse que ela daria à luz o Filho de Deus Altíssimo. Maria a fiar a lã carmim enquanto o anjo lhe fala tornou-se o ícone da Anunciação. A menininha no templo, dançando diante do sumo sacerdote é, exatamente, o modo como a Sabedoria é descrita em Provérbios 8, brincando e dançando diante do Criador. Assim como a Sabedoria, Maria é representada em ícones sentada no santo dos santos, sendo alimentada por um anjo. Ela deixou o local sagrado para dar à luz o filho, como a mulher vestida de sol aparece através do véu aberto do santo dos santos. Enquanto tecia um novo véu, o símbolo da encarnação, ela estava grávida de seu filho e, nos ícones, é mostrada com o fuso, um símbolo antigo da Grande Senhora. A Rainha do Céu e seu filho eram Maria e o Filho e, assim como Jesus foi proclamado o Senhor, o Deus de Israel, Maria, igualmente, foi representada como a Grande Senhora, sua Mãe.

A memória do Espírito Santo como a Mãe de Jesus está preservada nos escritos dos cristãos hebreus. Orígenes, com frequência, cita o *Evangelho dos Hebreus*, que agora está perdido, a não ser por citações como as dele. Nesse evangelho, Jesus diz: "Mesmo agora, minha mãe, o Espírito Santo, tomou-me por um de meus cabelos e levou-me até o grande Monte Tabor", possivelmente, uma referência a Jesus ser conduzido para o deserto pelo Espírito Santo após o batismo.[14] Jerônimo, que é a principal

---

[14] Orígenes, *Comentário ao Evangelho de São João* 2,12; trad. em *Fathers of the Church*, vol. 80. Washington, D.C., Catholic University of America Press,

fonte de citações desse evangelho, mostra que a voz no batismo de Jesus era a voz do Espírito:

> Segundo o Evangelho escrito na língua hebraica [...] "Veio a acontecer que, quando Nosso Senhor saiu da água, todo o manancial do Espírito desceu e parou sobre ele e lhe disse: 'Meu Filho, em todos os profetas esperava por ti. És meu repouso, gerado como meu primogênito que reinará para sempre'."[15]

O Evangelho de Filipe preserva outra tradição interessante dos cristãos hebreus, para os quais o Espírito era um substantivo feminino. Disseram que o Espírito descer sobre Maria (Lucas 1,35) não podia indicar concepção; possivelmente era a criação, como em Gênesis 1. "Alguns dizem que Maria concebeu pelo Espírito Santo. Estão em erro. Não sabem o que dizem. Quando uma mulher concebeu de outra mulher?"[16]

O PÃO DA PRESENÇA

Segundo os refugiados que discutiam com Jeremias, a Rainha do Céu fora adorada com incenso, libações de vinho e pão que a representavam. Exatamente o mesmo foi prescrito para a mesa do templo para os pães da proposição. Era uma mesa de ouro em que punham travessas e pratos para incenso,

---

1989; *Homilia* 15,4 *Sobre Jeremias*; trad. em *Fathers of the Church*, vol. 97. Washington, D.C., Catholic University of America Press, 1998.
[15] Jerônimo, *Sobre Isaías* 11,2; trad. M. R. James, *The Apocryphal New Testament*. Oxford, Clarendon Press, 1926, p. 5.
[16] *Evangelho de Filipe* (C.G. II.3.55); trad. em *The Nag Hammadi Library in English*. Leiden, Brill, 1996.

frascos e tigelas para libações e o pão da Presença (Êxodo 25,29). Uma das poucas coisas sabidas a respeito do pão da Presença é que tinha de ser assado em uma forma especial; o formato da forma nunca foi revelado, embora seja retratado com as bordas viradas para cima. O processo de assar o pão da Presença era segredo de família da casa de Garmu e eles guardavam esse segredo.[17] O pão da Presença era a única oferta de cereal levada ao próprio templo, e a Mishná registra como isso era feito ao fim do período do segundo templo. Havia duas mesas no pórtico do templo e "na mesa de mármore punham o pão da Presença quando era levado para dentro e na mesa de ouro quando era retirado, já que o que é sagrado deve ser elevado e não rebaixado".[18] Uma vez que o ouro era usado para as coisas sagradas, concluímos que o pão adquiria santidade enquanto permanecia no templo. O Targum descreve o pão da Presença como a mais sagrada de todas as oferendas.[19] Era descrito como a porção mais sagrada para os sumos sacerdotes, indicando que ele transmitia-lhes santidade (Levítico 24,9)[20] e era comido por eles a cada *Shabat*, quando novos filões eram levados ao templo. Quando o tabernáculo do deserto era preparado para viagem, os pertences tinham de ser embrulhados em duas cobertas, para evitar que qualquer um,

---

[17] Mishná *Yoma* 3,11; trad. H. Danby, *The Mishnah*. Oxford, Clarendon Press, 1933; Talmude babilônico *Menaḥoth* 94ab; trad. I. Epstein (ed.), *The Babilonian Talmud*. London, Soncino Press, 1935-1948, 35 vols.

[18] Mishná *Menaḥoth* 11,7 (ver nota acima).

[19] Targum *Onkelos* Lv 24,9; trad. em *The Aramaic Bible*. Edinburgh, T&T Clark, 1998, vol. 8.

[20] Posteriormente, foi dado a todos os sacerdotes. Mishná *Menaḥoth* 11,7 (ver nota 16).

exceto o sumo sacerdote, os visse. A arca e a mesa, contudo, tinham de ter três coberturas (Números 4,5-8).

Como esses pães adquiriam essa santidade e condição especial? O pão da Presença, como outras ofertas cereais, era descrito como um 'zkr, normalmente traduzido por "oferta memorial". O texto de Levítico pode sugerir que o incenso era o 'zkr, mas os Targums demonstram que o 'zkr era o próprio pão. Já encontramos outra forma dessa palavra ambígua 'zkr: será que significava "recordar" ou "invocar"?[21] Os levitas recordavam ou invocavam o Senhor? Foi dito a Moisés para recordar o Senhor pelo nome recém-revelado ou para invocá-lo? Aqui, o pão da Presença não parece ter sido uma oferta memorial, mas uma oferta de invocação, e isso explicaria sua santidade extrema. O Salmo 37 era para ser cantado com esse tipo de oferenda, e incluía os versos: "Não me abandoneis, Senhor. Ó meu Deus, não fiqueis longe de mim" (Salmos 37,22). O Salmo 69 também era para 'azarah: "Comprazei-vos, ó Deus, em me livrar; depressa, Senhor, vinde em meu auxílio [...] Senhor, não tardeis mais". (Salmos 69,2.6). Essas são as invocações. O pão da Presença deve ter sido um meio da presença do Senhor no templo.

Presença (*panim*, que literalmente significa "faces"), deve ter sido uma circunlocução reverente. Há muitas passagens no Antigo Testamento grego em que *panim* é compreendido como ênfase adicional, e não como "presença" em algum sentido especial. Assim, "Minha face/presença irá contigo, e serei o teu guia" (Êxodo 33,14) – a promessa do Senhor a Moisés se tornou, em grego, "Eu mesmo (*autos*) irei contigo". "O Anjo de sua

---

[21] Ver p. 42.

Presença os salvou" (Isaías 63,9) se torna, em grego, "Não era um mensageiro nem um anjo, mas sua própria Face que os salvava". O Anjo da Presença era o Senhor e, portanto, o pão da presença deve ter sido o pão da presença divina.

A Sabedoria convidava seus devotos à sua mesa. "Vinde comer o meu pão e beber o vinho que preparei. Deixai a insensatez e vivereis; andai direito no caminho do discernimento!" (Provérbios 9,5-6). A Sabedoria presidia a mesa em que o pão e o vinho eram tomados, e, ao tomar o pão e o vinho, seus devotos adquiriam vida e sabedoria. Autores posteriores sabiam que a Sabedoria se dava no seu pão: "Aqueles que me comerem não terão mais fome" (Ben Sira 24,21). O Gênesis Rabá, comentário tradicional judaico sobre o Gênesis, diz que o pão que Melquisedec deu a Abraão era o pão da Presença, e segue uma referência a essa passagem em Provérbios 9 a respeito da mesa da Sabedoria.[22] Seria interessante saber o que era dito aos sacerdotes a cada *shabat* ao receberem seu pedaço do pão da Presença.

Um dos problemas no início do período do segundo templo, segundo o profeta Malaquias, era que o pão colocado na mesa era impuro.[23] "Com tais dons de vossas mãos, ele não fará surgir sua presença sobre vós" (Malaquias 1,9, tradução nossa). O Senhor não podia estar presente com pão impuro, e o que segue veio a ser visto pela Igreja como uma profecia da Eucaristia. "Porque, do nascente ao poente, meu Nome é grande entre as nações e em todo lugar se oferecem ao meu Nome o incenso,

---

[22] *Genesis Rabbah* XLIII.6.
[23] Malaquias 1,7-9 traz "pão" em vez de "alimentos" tanto em hebraico quanto em grego, apesar de algumas traduções inglesas (e brasileiras – N. T.).

sacrifícios e oblações de cereais puros" (Malaquias 1,11, tradução nossa).[24] Por implicação, a Eucaristia restaurou o pão da Presença. Enoque também lamentou-se do pão impuro no segundo templo (*1 Enoque* 89,73).

Epifânio, um bispo que redigiu em meados do século IV, descreveu como as mulheres na Arábia – vocês recordarão que os sacerdotes descontentes da época de Josias se estabeleceram na Arábia – ofereceram um pequeno filão de pão para Maria e ele relacionou esse costume ao culto à Rainha do Céu descrito em Jeremias. Epifânio descartou totalmente essa ideia como ridícula, mas descreveu como costumavam decorar uma cadeira ou um banco quadrado e cobri-lo de tecido. Aí punham o pão e o ofereciam em nome de Maria. Em seguida, as mulheres comiam o pão.[25] Esse é, claramente, um relato deturpado, mas muito interessante. É como se o filão de pão fosse entronizado antes de ser comido. *Pão para representá-la, talvez.*

O SER VIVENTE

Ezequiel, que era um sacerdote do primeiro templo e foi deportado para a Babilônia, descreveu como a Senhora deixou o templo. Em suas duas visões do trono-carruagem, uma ao deixar o templo e a outra ao aparecer para ele às margens do rio Cobar, na Babilônia, descreveu uma figura masculina e feminina. A maioria das versões inglesas desses capítulos (Ezequiel 1

---

[24] Citado por Justino (por exemplo) em *Diálogo com Trifão* 41; trad. em *Ante-Nicene Fathers*, vol. 1.
[25] Epifânio de Salamina, *Panarion* 1,79; trad. Frank-Williams, *Panarion*. Leiden, Brill, 1987, vol. 1.

e Ezequiel 10) tenta lidar com o hebraico confuso aplanando o indício daquilo que, na verdade, Ezequiel estava a descrever.[26] Há, de fato, quatro Seres Viventes (femininos) em forma humana (Ezequiel 1,5), e possuíam quatro faces (presenças), asas e mãos. No meio dos Seres Viventes estava o fogo e elas estavam no meio de uma roda dentro da roda, e os anéis eram repletos de pontos de luz (olhos). Onde quer que o Espírito fosse, as rodas iam, porque o Espírito do Ser Vivente (feminino singular) estava nas rodas (Ezequiel 1,20). Sobre as cabeças (plural) do Ser Vivente (feminino singular) havia algo que se assemelhava ao firmamento, como o brilho de um gelo terrível (cristal), e, acima disso, havia um trono no qual estava uma forma humana, que se assemelhava à glória do Senhor (Ezequiel 1,28). Já que Ezequiel estava a descrever o trono celestial, isso deve ter sido como ele imaginava o santo dos santos; o trono e, abaixo dele, o firmamento brilhante sob o qual havia uma figura feminina ígnea de quatro lados com asas e mãos. Ezequiel ouviu um som "como a voz de *Shaddai*", que deveria ser o nome do Ser Vivente (Ezequiel 1,24; 10,5). Há uma descrição semelhante no capítulo 10, em que ele descreve a glória deixando o templo: "Quanto à aparência, todas as quatro pareciam ter a mesma forma, como se uma roda parecesse estar no meio da outra" (Ezequiel 10,10, versão AV). "Todo o seu corpo [corpo singular, sufixo plural] estava repleto de pontos de luz" (Ezequiel 10,12); "Ela era a Ser Vivente que vi às margens do rio Cobar" (Ezequiel 10,15); "Ela era a Ser Vivente que vi abaixo do Deus de Israel, às margens do rio Cobar" (Ezequiel 10,20). Um verso muito obscuro (Ezequiel 10,12) parece dizer que toda a carne,

---

[26] A única versão inglesa que traz uma representação justa do hebraico é a AV.

ou seja, todas as coisas criadas eram os pontos de luz dentro das rodas. Essa era a Senhora como Ezequiel conheceu, deixando o templo. Estamos acostumados a traduzir a forma plural *elohim* como Deus singular; é provável que o Ser Vivente também foi descrito no singular e em formas plurais.

Em outra passagem (Ezequiel 28,12-19), Ezequiel descreveu um querubim guardião ungido, cheio de Sabedoria e perfeito em beleza, que era expulso do jardim do Éden. O querubim era o selo e deve ter sido o sumo sacerdote, porque a versão grega da lista de doze pedras preciosas usadas pelo querubim é uma descrição exata do peitoral do sumo sacerdote – que deve ter sido um ser ígneo – e consumiu o lugar sagrado. O que é extraordinário é que o sumo sacerdote querubim guardião ungido era feminino.

Na forma atual, o oráculo diz respeito ao rei de Tiro, mas Tiro e Sião são palavras muito similares em hebraico e o texto hebraico já fora distorcido para dissimular as pedras preciosas do peitoral do sumo sacerdote. Somente o texto grego tem a lista completa. Ben Sira, ao escrever uns quatro séculos depois da visão de Ezequiel, descreveu a Sabedoria como aquela que servia no templo de Sião. Ela era o sumo sacerdote (Ben Sira 24,10).

A ÁRVORE DA VIDA

Outro grande símbolo da sabedoria é a Árvore da Vida. "É uma árvore de vida para aqueles que lançarem mãos dela. Quem a ela se apega é um homem feliz" (Provérbios 3,18). "Feliz" aqui é a palavra hebraica *asher*, que pode ser um jogo de palavras com o nome de Astarote. Ben Sira, ao escrever em Jerusalém por volta do ano 200 a.C., tinha a Sabedoria comparando-se a todo o tipo de árvore: "Cresci, alta como um cedro do Líbano, como um cipreste nas alturas do Hermon. Cresci, alta como uma palmeira em Ein Gedi, como rosas em Jericó, como um belo plátano, cresci" (Ben Sira 24,13-14). Enoque revela mais a respeito da grande árvore. Em sua jornada visionária ao Céu, viu uma grande árvore perto do trono "cuja fragrância estava além de toda fragrância e cujas folhas, flores e madeira nunca ressecam ou apodrecem" (*1 Enoque* 24,4). Nenhum mortal pode tocar a árvore até depois do grande julgamento, quando seu fruto seria dado aos escolhidos e a própria árvore transplantada novamente para o templo. O fruto da árvore, às vezes, era comparado aos cachos de uma palmeira ou às uvas. A árvore é plenamente descrita em um texto que era parte de uma pequena biblioteca cristã, escondida em uma gruta no Egito no século IV e redescoberta em 1945. *Sobre a Origem do Mundo*, normalmente, é identificado como gnóstico, mas textos como esses são cheios de imagens e tradições do templo, e rótulos como gnóstico (e, portanto, herético) não devem ser aplicados com tanta certeza. "A cor da árvore da vida é como o sol, e seus galhos são belos. As folhas são como as dos ciprestes, o fruto como um punhado de uvas verdes."[27] Enoque revela algo mais a respeito dessa árvore; é o local em que o Senhor repousa quando está no Paraíso. "E no meio daquelas árvores, a da vida, naquele lugar onde Deus descansa quando vai para o Paraíso, e essa árvore é de uma qualidade e fragrância inefável, e mais adornada do que qualquer coisa que existe; sua aparência é como o ouro e carmesim com a forma do fogo" (*2 Enoque* 8,4).

Em um relato da vida de Adão e Eva escrito no final do período do segundo templo, quando Deus retorna ao Paraíso,

---

[27] C.G. II 5.110, *The Nag Hammadi Library*. Ver cap. 1, nota 26.

o trono-carruagem fica na árvore da vida e todas as flores brotam.[28] A sinagoga em Dura Europas[29] retrata um rei entronizado em uma árvore. A árvore era inseparável do próprio trono. Reinar de uma árvore se torna um tema cristão e objeto da controvérsia com os judeus. Justino afirmou que tinham retirado as palavras do Salmo 95,10 que eram importantes para os cristãos. O verso originalmente era: "Dizei às nações: O Senhor reina de uma árvore", mas, afirmou, "de uma árvore" fora retirado.[30] A Epístola de Barnabé alude a essa leitura mais longa do salmo ao dizer que o reino de Jesus foi instituído em uma árvore,[31] e a versão mais longa do Salmo 95 era conhecida por vários autores cristãos primitivos. "De uma árvore" não aparece em nenhuma versão atualmente conhecida, mas a árvore da vida e o que ela representa era um ponto de contenda entre judeus e cristãos. No Livro do Apocalipse, aos cristãos fiéis era prometido que poderiam comer os frutos da árvore da vida (Apocalipse 2,7; 22,14), que ficava perto do trono do Deus-e-o-Cordeiro, regada pelo rio da vida.

Na época de Jesus, a veneração à Senhora e sua árvore não era apenas uma memória distante. Juvenal, o satirista romano, ao escrever no início do século II d.C., descreveu uma pobre mulher judia, possivelmente uma refugiada, como uma vidente, "uma intérprete das leis de Jerusalém, a grande

---

[28] Apocalipse de Moisés 22; trad. J. H. Charlesworth (ed.), *The Old Testament Pseudepigraphia*. London, Darton, Longman & Todd, 1983-1985, vol. 2.
[29] Essa antiga cidade da Síria no Eufrates está agora no Iraque. Foi destruída na guerra em 256 d.C. e a areia do deserto logo reivindicou e, assim, preservou as construções.
[30] *Diálogo com Trifão* 71.
[31] *Epístola de Barnabé* 8.

sacerdotisa da árvore, uma mediadora confiável com o mais alto dos céus".[32] Em uma seção da Mishná que lida com idolatria, existem proibições que devem ter sido direcionadas contra o culto da Senhora. "Se um homem encontra um objeto em que há uma figura do sol, uma figura da lua ou uma figura do dragão (ver Apocalipse 12), deve lançá-la no Mar Morto."[33] "Se uma árvore foi plantada desde o início por idolatria, isso era proibido. Se foi cortada e podada por idolatria e brotou de novo, a pessoa só precisa cortar o que brotou de novo; mas se um gentio colocou um ídolo sob a árvore e, depois, a desconsagrou, a árvore era permitida."[34] Até mesmo andar sob tal árvore tornava a pessoa impura. O pão assado com a madeira tirada de Aserá era impura, qualquer traje tecido com uma lançadeira feita a partir de Aserá era impura. Os galhos de uma Aserá ou de uma cidade apóstata não podiam ser usados em procissão de Tabernáculos.[35] Essa é uma lista interessante: o sol, a lua e o dragão são reminiscências da Senhora em Apocalipse 12: pão e tear estão associados à Senhora, cidades apóstatas demonstram que isso não era uma questão de prática pagã, mas uma disputa dentro da comunidade judaica; e a árvore moldada imediatamente sugere a menorá, que era estilizada como uma amendoeira (Êxodo 25,31-37).

Vocês lembram a crença de que na época do Messias cinco coisas tinham de ser restauradas para o templo: o fogo, a arca, o

---

[32] Juvenal, *Sátiras* 6,543-545.
[33] Mishná *Aboda Zarah* 3,2; trad. H. Danby, *The Mishnah*. Oxford, Clarendon Press, 1933.
[34] Mishná *Aboda Zarah* 3,7. Op. cit.
[35] Mishná *Sukkah* 3,1-3; trad. H. Danby, *The Mishnah*. Oxford, Clarendon Press, 1933.

Espírito, o querubim e a menorá. Uma vez que Aserá era lembrada como uma árvore estilizada, as traduções mais antigas da Bíblia, feitas antes das descobertas em Ugarit, revelaram a existência da deusa Atirate, traduzida Aserá [*Asherah*] como "arvoredo", seguindo o grego. Foi proibido plantar um arvoredo perto de qualquer altar do Senhor (Deuteronômio 16,21, AV); Jezebel tinha quatrocentos profetas dos arvoredos (1 Reis 18,19, AV). A Aserá removida por Josias poderia ter sido uma árvore estilizada, e a única árvore estilizada associada com o templo era a menorá, a árvore de fogo que era a árvore da vida e, portanto, um símbolo da Senhora que estava sendo removido. Essa menorá foi lembrada como a verdadeira menorá. Havia candelabros de sete lâmpadas no segundo templo – está descrito no arco de Tito dentre a pilhagem do templo que foi levada para Roma –, mesmo assim, as pessoas ainda buscavam a restauração da verdadeira menorá no tempo do Messias.

A árvore de fogo da Senhora aparece em outra história, em que sua morte é o prefácio à história de Moisés e do Êxodo. A sarça ardente era sua árvore de fogo. A história de Moisés aprendendo um novo nome para Deus na sarça ardente é reconhecida por estudiosos como o ponto em que os compiladores do Pentateuco uniram duas tradições. Abraão, Melquisedec e os patriarcas foram unidos a Moisés e ao Êxodo, e o Deus dos Patriarcas foi renomeado. Na sarça ardente, uma voz disse que o nome a ser usado no futuro era *yhwh* (Êxodo 3,15). Posteriormente, lemos: "Deus disse a Moisés: 'Eu sou o Senhor. Apareci a Abraão, a Isaac e a Jacó como o Deus todo-poderoso [*El Shaddai*], mas não me dei a conhecer a eles pelo meu nome de Senhor" (Êxodo 6,2-3). Ezequiel descrevera a voz do Ser Vivente como a voz do *Shaddai*. Ora, *Shaddai* foi traduzido de várias maneiras, muitas vezes e com frequência como Todo-Poderoso, mas o sentido comum dessa palavra hebraica é "peitos", a sugerir que *El Shaddai* tinha um aspecto feminino. Nas histórias dos patriarcas, *El Shaddai* foi associado com o dom da fertilidade: "Deus todo-poderoso [*El Shaddai*] te abençoe, te faça crescer e multiplicar, de sorte que te tornes uma multidão de povos" (Gênesis 28,3). "Eu sou o Deus todo-poderoso [*El Shaddai*]. Sê fecundo e multiplica-te [...] e de teus rins sairão reis" (Gênesis 35,11); "graças ao todo-poderoso [*El Shaddai*], que te abençoa [...] com as bênçãos dos peitos e do seio" (Gênesis 49,25). Se a história da sarça ardente representa a transição da antiga religião para a dos deuteronomistas, então, devemos ter uma explicação para o costume cristão posterior de representar Maria pela sarça ardente. Essa árvore ígnea fora o antigo símbolo da Mãe do Senhor; às vezes Maria é retratada, de modo literal, dentro da sarça ardente, às vezes, simplesmente, uma árvore ígnea nomeada de "Mãe de Deus", e, outras vezes, o ícone da sarça ardente retrata a Mãe e o Filho cercados de anjos dos tempos difíceis, ou seja, os anjos do Dia Um no santo dos santos.

O ÓLEO DE UNÇÃO

O óleo que ungia o sumo sacerdote real e o tornava o Senhor, o filho da Sabedoria, o Filho de Deus, era um óleo perfumado da árvore da vida. A Sabedoria foi descrita por Ben Sira como o próprio óleo: um perfume doce de mirra, cinamomo e óleo de oliva (Ben Sira 24,15) como prescrito nas instruções para o tabernáculo (Êxodo 30,23-25). Enoque descreveu a experiência de ser ungido com esse óleo ao se postar diante do trono:

> E o senhor disse a Miguel: "Vai e despoja Enoque de suas vestes terrestres e unge com meu doce bálsamo, e veste-o com os vestidos de minha glória".
> E Miguel assim o fez, tal qual o Senhor lhe ordenara. Ele me ungiu, vestiu-me e o aspecto daquele bálsamo é mais que a grande luz, é como o doce orvalho e seu perfume, suave brilhante como um raio de sol e olhei para mim mesmo, e eu estava como *um* de seus gloriosos (*2 Enoque* 22,9-10).

Em seguida, Enoque teve a visão dos seis dias da criação. O óleo de mirra como sacramento de *theosis* foi mencionado pelo papa Leão Magno em um de seus sermões da Epifania: "Ele oferece mirra a quem acredita que o filho unigênito de Deus uniu a si mesmo a verdadeira natureza do homem".[36]

O óleo de unção perfumado era mantido no santo dos santos e quando o sumo sacerdote real era ungido, recebia o dom da própria Sabedoria: vida ressuscitada, visão, conhecimento e verdadeira saúde. O sumo sacerdote era ungido na cabeça e entre as pálpebras – um detalhe curioso que deveria simbolizar a abertura dos olhos. Quando o óleo estava escondido, no tempo de Josias, Enoque disse que os sacerdotes perderam a visão. Esse é o contexto da profecia messiânica em Isaías 11: "Sobre ele repousará o Espírito do Senhor, espírito de Sabedoria e de entendimento, espírito de prudência e de coragem, espírito de ciência e de temor ao Senhor". O texto continua, traduzindo literalmente: "Sobre ele repousará o espírito de Iahweh" (Isaías 11,2).

Lembranças do dom da visão em olho fragrante de mirra aparecem em uma variedade de textos do período da cristandade

---

[36] *Sermão* 6; trad. em *Fathers of the Church* 93, 1996.

primitiva. João escreveu em sua primeira epístola: "Vós, porém, tendes a unção do Santo e sabeis todas as coisas [...] E não tendes necessidade de que alguém vos ensine" (1 João 2,20. 27, tradução nossa). Nas *Recognições Clementinas*, Clemente atribuiu a Pedro esta explicação da palavra Cristo: "O Filho de Deus, o Princípio de todas as coisas, tornou-se homem. Foi o primeiro a quem Deus ungiu com o óleo tirado da madeira da árvore da vida". Pedro disse que Cristo, por sua vez, ungiria os que entrassem no Reino. Pedro prossegue: "Aarão, o primeiro sumo sacerdote, foi ungido com uma composição do crisma que era feita segundo o modelo do bálsamo espiritual" e se essa cópia terrena era tão poderosa, quão maior, argumentava, era o crisma extraído de um galho da árvore da vida.[37] Uma coletânea dos primeiros hinos cristãos, conhecida como *As Odes de Salomão*, inclui versos como: "Meus olhos foram iluminados e minha face recebeu o orvalho, e minh'alma foi revigorada com a suave fragrância do Senhor" e "Ele ungiu-me com sua perfeição e tornei-me como um daqueles que Lhe estava próximo".[38] Paulo escreveu aos coríntios sobre "o perfume do seu [de Cristo] conhecimento [...] odor de vida e que dá a vida" (2 Coríntios 2,14.16), indicando a fragrância da árvore da vida que conduz à vida. Os peregrinos cristãos à Terra Santa costumavam trazer para casa pequenos frascos de óleo com a inscrição "óleo da árvore da vida".[39]

A Senhora nunca foi realmente esquecida. Ao longo de toda a Bíblia e textos correlatos, há toda uma rede de simbolismo pelo

---

[37] *Recognições Clementinas* 1,45-46; trad. em: *Ante-Nicene Fathers*, vol. 8.
[38] *Odes de Salomão* 11 e 36; trad. J. H. Charlesworth (ed.), *The Old Testament Pseudepigraphia*. London, Darton, Longman & Todd, 1983-1985, vol. 2.
[39] Andrei Gabar, *Les Ampoules de Terre Sainte*. Paris, 1958.

qual a típica teologia da Sabedoria era transmitida. Muito disso, hoje, é mais familiar como imagens associadas à Maria e aparece, por exemplo, no hino *akáthistos*[40] ou na Litania de Loreto. Suas raízes repousam, todavia, no primeiro templo que fora a casa da Sabedoria, a Rainha do Céu e a Mãe do Senhor. Em vista de sua importância, não é de surpreender que a Grande Igreja em Constantinopla seja dedicada à Santa Sabedoria.

---

[40] O hino *Akáthistos* é a maior e mais célebre composição mariana das igrejas de rito bizantino. Sua composição é situada entre o final do século V e início do século IV. Esse hino à Mãe de Deus relata, poeticamente, a Encarnação e a manifestação do Filho de Deus. (N. T.)

VOCÊ PODE INTERESSAR-SE TAMBÉM POR:

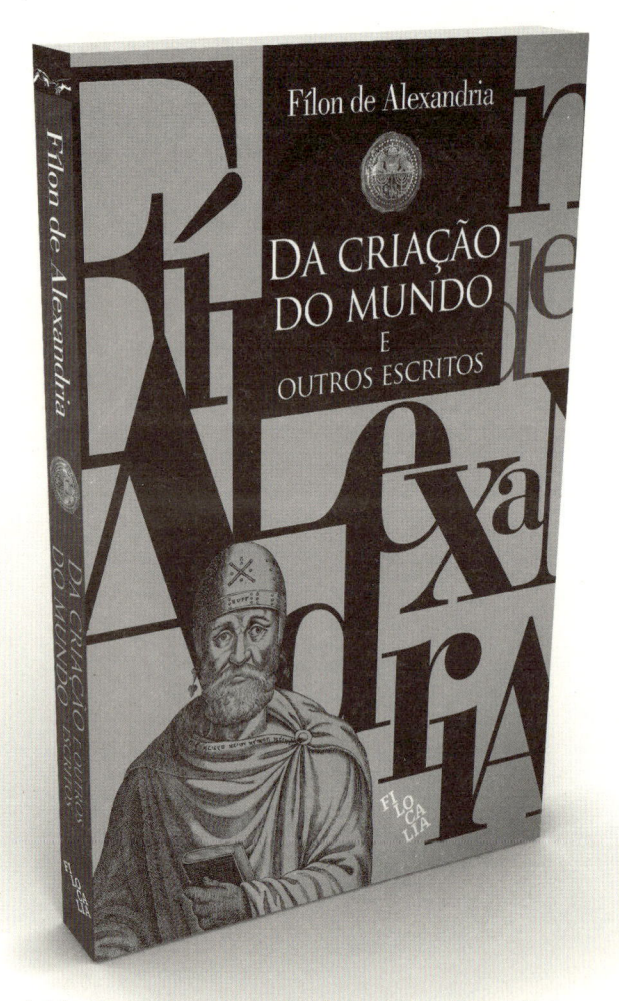

Da Criação do Mundo e outros escritos reúne alguns dos escritos teológicos mais importantes de Fílon de Alexandria (25 a.C - c. 50 d.C.), o primeiro teólogo a valer-se em sua ciência da filosofia grega, o que fez dele um cruzamento de caminhos de que surgiria, entre outras correntes filosóficas, o neoplatonismo.

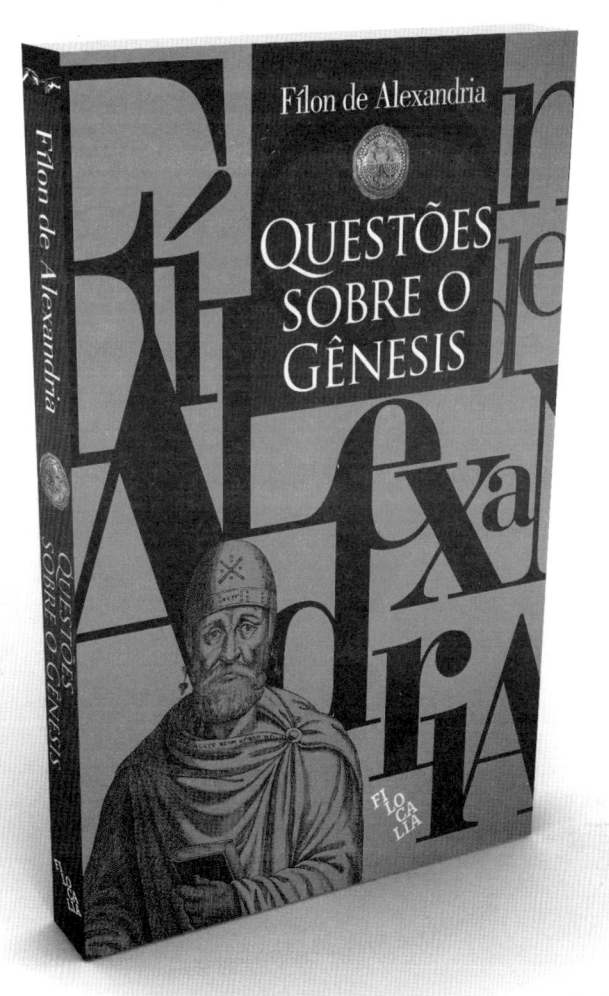

Em *Questões sobre o Gênesis* temos um dos pontos altos do método alegorista de Fílon de Alexandria (25 a.C - c. 50 d.C.), o primeiro teólogo a valer-se em sua ciência da filosofia grega. Com este método de exegese dos livros bíblicos, Fílon inaugura uma tradição que terá entre seus expoentes Orígenes, um dos Padres da Igreja.

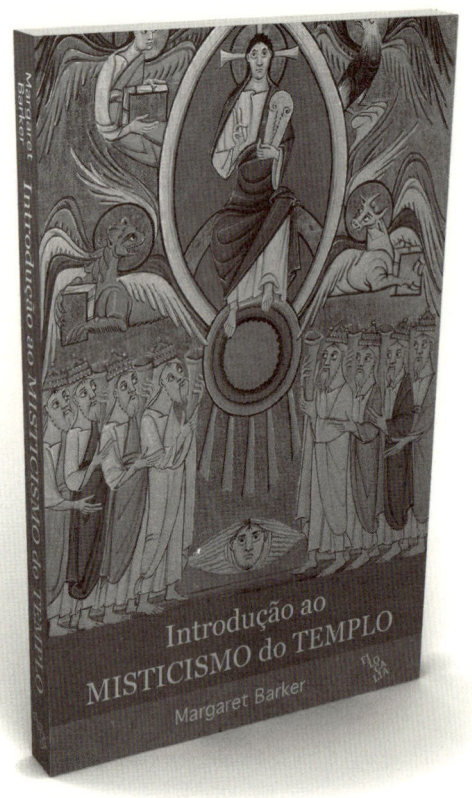

A Teologia do Templo desenvolvida por Margaret Barker tem sido reconhecida como um marco nos estudos teológicos contemporâneos. Este livro apresenta de forma clara e organizada a hipótese que serve de base à sua teoria: o misticismo do templo, uma tradição hebraica à luz da qual seria possível reinterpretar a espiritualidade judaica e o modo como Jesus foi compreendido por si mesmo e pelos primeiros cristãos. Trata-se de uma pesquisa profundamente documentada e que impressiona por seu enorme poder explicativo.

OS LIVROS DA EDITORA FILOCALIA SÃO COMERCIALIZADOS E DISTRIBUÍDOS PELA É REALIZAÇÕES

facebook.com/erealizacoeseditora twitter.com/erealizacoes instagram.com/erealizacoes

youtube.com/editorae issuu.com/editora_e erealizacoes.com.br

atendimento@erealizacoes.com.br